THIERRY LE LURON

Il m'appelait Maboule

BERNARD MABILLE

THIERRY LE LURON

Il m'appelait Maboule...

LE CLUB DES STARS
Seghers

ISBN 2-232-10117-7

A tous ceux qui, aujourd'hui encore, le savent irremplaçable ...

Je cherche à définir Thierry Le Luron.
Je n'y arrive pas.
Il ne vient pas vous manger dans la main.
Hep! attention! le voilà. Bonjour, comment ça va...?
Clac! il est reparti. Vous êtes sûr qu'il est passé par ici, mais rien ne vous prouve qu'il repassera par là.
Thierry Le Luron a un esprit très fin, très aigu, monté sur armature légère, avec ça il est premier partout.
Mais on le sent avec un secret que je crois connaître.
Vous savez que, vers la fin de l'été, des vents du sud-ouest amènent dans un nuage des pluies de toutes petites grenouilles dorées, sautant dans les prés par dizaines de milliers.
Et je soupçonne Thierry d'être venu ainsi jusqu'à nous.
Mais croyez-moi, si l'humeur lui en dit, il prendra un courant de nord-ouest, et s'en ira avec toutes ses petites amies les rainettes...

Louis de Funès
(21 janvier 1983)

PRÉFACE

Thierry, mon ami.

Tout s'est déroulé comme tu l'avais prévu, non sans clairvoyance. Pour quelques minutes de promotion, les pleureurs se sont forcés à pleurer, face caméra, plein cadre

Pour quelques lignes, les faux amis ont joué aux vrais, nous convainquant presque que tu ne pouvais vivre sans eux.

L'un de tes confrères, fort connu, nous a même dit, des sanglots dans la voix, toute l'admiration qu'il te portait, et la fraternité qui vous liait. Souviens-toi, vous vous étiez croisés, l'été dernier, dans une station-service de l'autoroute du sud... Et le métier, dans sa magnanimité immense, t'a juré fidélité et reconnaissance, avant que de courir la France en quête de copies, conformes si possible. L'imitation, c'est comme le loto, ça peut rapporter gros.

Même Teddy, ton chien, ne sait plus à quel Glandu se vouer...! Seuls quelques anciens combattants des guerres luroniennes se souviennent encore, le soir chez Jacques Collard, dans cet Espace, où nous nous sentions si bien, après un toujours dernier verre. Récemment j'y ai rencontré Chazot, il danse toujours avec des mots, mouillés de larmes aujourd'hui. Tous rejoignent alors par la pensée ta famille et ton équipe meurtries à vie.

Tu nous as, Thierry, condamnés à une peine de cœur à perpétuité.

« Je ne veux aucune exploitation commerciale sur mon compte... » avais-tu souhaité avant de te retirer de la scène quotidienne, le 13 novembre 1986, à l'aurore. Un petit matin comme tu les aimais tant, otage d'un vilain mal et de bien douloureuses rumeurs.

Te sachant en sursis, la commercialisation outrancière de la disparition de Michel Colucci t'avait écœuré plus encore.

Un an après, tu es entré dans le Panthéon du music-hall, en bonne place, tout près des Brel, Brassens, Chevalier, Raynaud, Coluche et de bien d'autres que tu admirais sans limite. L'Histoire te retiendra comme le premier imitateur à s'être produit à l'Olympia en vedette à part entière.

Tu appartiens pour toujours à ceux qui, durant quinze années, transformèrent ta destinée en conte de fées, en venant t'applaudir sans jamais faillir. Ce public qui te porta en haut de l'affiche, et dont tu écoutais, avec jubilation, le bourdonnement fébrile, le soir dans ta loge, par le retour de salle. Il te donnait la vie. Chaque jour, je te le jure, ces gens-là, anonymes, me parlent de toi, me confiant les instants de bonheur que tu leur offrais, le plaisir qu'ils prenaient à te voir ridiculiser les puissants, admiratifs, et toujours respectueux de ton talent, ton savoir faire rire et de tes libertés.

Pour eux, pour toi aussi, afin que tu demeures longtemps encore avec nous, il fallait témoigner. Aussi ai-je décidé de raconter toutes ces années de collaboration fructueuse qui m'entêtent jour après jour.

Sept années et des poussières de velours rouge.

Une franche amitié, des brouilles tempétueuses, des triomphes accumulés et, pour moi, la chance unique de regarder œuvrer un être d'exception. Un orfèvre, artisan surdoué qui enseigna simplement au compagnon que je fus l'art de la radio, de la télévision et de la scène. Le métier, en somme, que je m'efforce d'exercer sans trop te trahir.

Que te dire encore ?

Depuis le départ du père Cazes, les filets de thon de chez Lipp n'ont plus tout à fait le même goût, ta copine Line Renaud descend toujours les escaliers de Las Vegas, et Mitterrand ne sait pas encore s'il se représentera en mai 1988...

Tu vois la vie qui va, avec ses hauts et ses bas, plus amère qu'avant : elle a perdu son feu follet.

A bientôt, Thierry.

P.S. : Non, rassure-toi, il ne s'agit pas du Parti socialiste... Un post-scriptum, tout juste. Connaissant ta générosité pudique pour les œuvres charitables, et ton amour pour les gosses, sachant que tu devais donner la première du Palais des Congrès au profit du Variety Club de France, c'est à cette association que je verserai les droits d'auteur de ce livre, ton livre. Comme tu l'aurais souhaité, sans aucun doute.

1.

L'ANNÉE TERRIBLE

28 décembre 1985. HÔPITAL LARIBOISIÈRE. PARIS 19 h 25.

« La chambre de Thierry Le Luron, s'il vous plaît, monsieur ? »

En prenant tout son temps, l'employé en blouse blanche range le dernier numéro de *Spécial Dernière* dans le tiroir de son bureau, puis lève le nez vers nous, perplexe, un rien goguenard.

Réfléchirait-il ?

« Attendez messieurs, vous m'avez bien dit Le Luron. Thierry Le Luron! Non, mais c'est pas vrai, ça! Le Luron, comme le rigolo qui nous fait marrer à la télé. Pourquoi pas Coluche ou Bedos... Faut pas confondre, c'est pas l'Olympia, ici. Enfin, puisque vous insistez, j'vais voir ce que je peux faire pour vous... à tout hasard, mais ça se saurait... »

Distraitement, agacé, semble-t-il, par ce surcroît de travail à la veille d'un dimanche, notre infirmier maton tourne les pages de son listing nouvellement informatisé. A l'en croire, lui aussi, la douleur physique épargnerait les clowns...

« Alors on a dit : Lelièvre, Lelong, Merlaud... »

L'humanité poignardée par le destin, sur fond de catalogue façon Trois Suisses, défile devant nous.

« Non, vous l' voyez bien, messieurs, j'ai pas votre Luron ici... D'ailleurs Mlle Jacqueline, qui se tient dans le bureau derrière, l'aurait su, elle collectionne les autographes des vedettes... »

Tout venait d'arriver si vite.

Hier au soir encore, Thierry, plus libre que jamais, triomphait au Gymnase comme un invincible, brûlant la scène. Une saison et demie à bureaux fermés et les sept, huit, dix rappels d'un public bon chic bon genre, son public conquis à la force des cordes vocales, soulevé par la précision de l'imitation, la rosserie du trait. Les sentiers mille fois arpentés d'une gloire devenue routinière, jonchés de victimes aux noms prestigieux.

L'élévation scrupuleuse et quotidienne d'un monument aux morts pour le rire, politiques et chanteurs unis en un même jeu de massacre. Caustique et salutaire.

Hier au soir, certes, Thierry nous avait quelque peu inquiétés. Il claudiquait, traînant la jambe gauche, suite, pensait-il, à une injection de cellules fraîches, qu'il avait pour habitude de s'administrer lui-même.

« Je vais vous faire un Serge Lama plus vrai que

nature... » avait-il lancé dans un grand éclat de rire en nous quittant en coulisse.

Aucune douleur cependant ne semblait pouvoir entacher sa bonne humeur. Lui qui par-dessus tout adorait les gosses avait préparé, dans le foyer du Théâtre, l'arbre de Noël des enfants de l'équipe, passant sa semaine à courir les magasins de jouets, commandant le traiteur. Une tradition perpétuée depuis ses débuts au music-hall, et instituée sous les lambris de l'appartement royal du boulevard Saint-Germain.

Nous en revenions, Hervé Hubert, son agent, et moi-même.

Soupçonnant déjà la gravité du mal, nous nous étions efforcés d'apaiser les inquiétudes de ses proches : les gens de ses voyages, ceux qui tant professionnellement qu'amicalement l'entouraient depuis des années. Une équipe de joyeux banlieusards kidnappés au fil des galas, des garçons simples et francs, de vraies natures nourries à la castagne et au musette, diamétralement opposées à l'image de sagesse, de savoir-vivre, de retenue que Thierry s'efforçait de projeter.

Auprès d'eux, il se sentait bien, respirait à pleins poumons, s'inventant une deuxième famille, proche de ses racines de « Monsieur Tout-le-Monde ».

Alain Martinot, tout d'abord. Un solide gaillard d'une fidélité presque maladive, aimant à revendiquer bien haut, les soirs de première, sa qualité de fils d'égoutier aux Lilas, et son doctorat en verlan, javanais, louchebem. Bagarreur et tendre, il tenait la console-son depuis 1978, l'année Bobino. Imbattable pour donner de l'écho à la voix de Johnny Hallyday ou de l'aigu à Françoise Hardy, il savait s'effacer sous les coups de gueule qui pleuvaient en pleine représentation : « Martinot, plus de retour... moins de réverbération... Qu'est-ce que t'as dans les oreilles ? T'es viré !... »

Cela importait peu. Chacun connaissait les emportements de Thierry, sa façon parfois brutale de jouer avec les nerfs des siens, pour mieux les séduire après, autour d'une bonne table, devant un verre de bordeaux La Lagune 75.

« J'ai toujours été coléreux, avouait-il, je peux même être parfois franchement désagréable, au bord de l'insulte. Mais je n'ai aucune rancune, la seconde d'après c'est oublié. Tous les gens qui travaillent avec moi, au son, à la lumière, prennent des calmants. Mon régisseur marche en permanence au Décontractyl, et moi j'ai découvert un médicament idéal, les bêta-bloquants qui apaisent le système sympathique... (rire de l'interviewé). Quand je monte un spectacle, je suis odieux, presque sadique, parce que je ne supporte pas que l'on ne partage pas le même enthousiasme que moi... »

Chacun reconnaissait son perfectionnisme presque outrancier, cette qualité exaspérante souvent, grâce à laquelle il métamorphosa le genre mineur qu'était l'imitation en un art majeur, à part entière, calquant cette rigueur sur les Américains. Ses modèles : Sinatra, Diana Ross, Sammy Davis Junior, qu'il admirait plus que tout, au point de les écouter à longueur de journée.

« Là-bas, ils ont tout compris. Comme eux, je considère qu'il faut être vigilant jusqu'au dernier jour du spectacle, afin d'offrir une qualité constante... Ne pas agir de la sorte équivaudrait à faire comme un chef de cuisine qui se contenterait d'écrire la carte! Or, pour se maintenir, l'on doit faire la cuisine soi-même. Il ne faut pas laisser ce soin à d'autres...! »

Fasciné, encore, par Claude François : « C'était un monstre de précision, un forçat de travail. Il menait son équipe, et surtout lui-même, jusqu'à l'épuisement physique. Je m'en inspire énormément. »

Gérard Russo, son régisseur, ne l'oubliait pas, et veillait au grain. Avant chaque représentation, Thierry passait sa revue de détail. Une demi-heure redoutée de tous, car rien ne lui échappait : « Gérard, il manque de la peinture sur cette marche... On voit des traces de doigts sur le piano... Balaie-moi cette scène! Le public paie le même prix qu'au premier jour, tout doit être nickel! »

Penaud, se sachant pris en faute, Russo s'exécutait sur-le-champ, sans bougonner.

Même taille, même allure que Thierry, cet ancien coiffeur de La Courneuve était peu à peu devenu son double, sa doublure plutôt. Il éternuait quand son patron s'enrhumait... Surnommé « Zèle rare », ou encore « Top-modèle » pour son goût immodéré de l'élégance, il réglait à l'occasion les éclairages, conduisait la limousine ou dénichait le seul restaurant capable de recevoir cent cinquante convives dans la demi-heure suivante. Le Dodin Bouffant de nos amis Cartier, généralement.

Je n'oublierai pas non plus Richard Lornac, pianiste accompagnateur depuis 1980. Un fan de Chick Corea, Keith Jarrett et William Lawson qui monta ses premières gammes au côté de Shake, Renaud et Joe Dassin. Ses partitions dans une main, sa démission dans l'autre, persuadé d'être la bête noire de Thierry, il sera quand même du dernier gala début septembre à Vittel. A ce poste, Lornac remplaçait Philippe Pagès, dit Fifi, plus connu aujourd'hui sous le nom de Richard Clayderman, le concertiste des Dupont-la-joie, auquel Thierry, sans jalousie aucune, ouvrit les portes de la réussite.

Ainsi se composait, avec quelques autres, la bande technique de Thierry, ceux qui, dans l'anonymat, derrière le décor, œuvraient pour la qualité du récital. De vrais copains, soudés par la même envie de rire et de bouffer la vie, fiers de travailler sans compter pour celui qu'ils appelaient affectueusement « le Petit ».

En ce 28 décembre 1985, leur « Petit » se terrait dans une chambre de l'hôpital Lariboisière, dans le service neurologique du Professeur Pépin, bien à l'abri, derrière un pseudonyme composé de ses deux prénoms : « Jean Gilles ». Ce Jean Gilles allait tourner une des pages les plus prestigieuses du music-hall français.

Sous état de choc, Hervé Hubert et moi-même grimpions quatre à quatre l'escalier nous séparant de notre ami. Aucun photographe, aucun journaliste... la nouvelle n'avait pas encore enflammé les salles de rédaction parisiennes.

Un long couloir encore. Quelques pensionnaires hébétés. Une porte sur la gauche. Mon cœur éclate, mon sang se fige. Hervé blanchit.

Thierry nous prie d'entrer. Une voix détimbrée, emplie de souffrance et de résignation. Celle de Jean Gilles déjà, à la portée d'aucun imitateur, fût-il surdoué.

Nous le trouvons, allongé sur le lit. En jeans et chemisette. Le bras et la jambe engourdis. La tête en feu. Il nous sourit, plaisante, grimace surtout. Daniel Varsano, présent lui aussi, tente de dissimuler sa peine. Savait-il qu'il ne le quittera plus, dès lors, jusqu'à son dernier jour ? 19 h 50. La télé dans un coin égrène ses calembours collaresques. Dérisoire.

Thierry cherche à nous apaiser, sans guère y parvenir. Curieusement, l'enfant gâté des dieux ne se plaint de rien. Les infirmières sont « gentilles », les professeurs « super ». L'ancien scout nous rassure, en chef de troupe : « Pas de tracas. Tout va bien mais je dérouille. J'aurais un sale truc au cerveau... Mon pauvre Maboule! Tu vois comme la vie bascule... Nous ne sommes pas grand-chose. Il faut quand même penser au nouveau Glandu, pour septembre. Bosser à la suite. J'ai trouvé le titre du spectacle : *Le Luron en liberté 2*. Comme Rambo! Ici au moins on ne sera pas dérangé par le téléphone... Quelle connerie... Est-ce que je méritais ça ? Hervé... Surtout pas un mot de tout cela à mes parents. Ils ne doivent pas savoir. Inutile d'inquiéter ma grand-mère... Au fait, dis bien à Martinot de venir monter la garde cette nuit. Il faut que je sorte de là au plus vite. L'équipe a des gosses à nourrir, des crédits à honorer. Tout marchait si fort... Je dois remonter sur scène... »

Seul contre les éléments déchaînés, Thierry luttait, pensant vaincre cette méchante maladie, méningite virale, disait-on, tout impressionné des leçons apprises, dès huit ans, sur les tatamis de Bagneux, de cette phrase enseignée par Pierre-Olivier Gouin, son professeur de judo, une maxime qu'il ne cessait de nous répéter : « L'adversaire, c'est soi-même. La meilleure défense, c'est l'attaque... »

Ce soir-là, seul Michel Drucker, son ami de toujours, le joignit au téléphone, lui proposant une date pour son retour à la télévision, dans un mois tout juste.

Thierry s'y accrochera. La mort lui donnait un sursis. Présent pour fêter les bons moments, Michel sait aussi l'être les mauvais jours, donnant sans hésiter le coup de pouce salutaire lors des passages à vide, dès que les médias se détournent et oublient. Il le prouvait là, une fois de plus, obligeant Thierry à recouvrer sa confiance en lui.

C'est le « Champs-Élysées » du 4 novembre 1984 qui multiplia les locations au Gymnase, permettant au spectacle d'afficher complet plus de deux mois à l'avance. Souvenez-vous, Monsieur Glandu concierge franchouillard, béret vissé sur le crâne, déclenchait par ses répliques ambiguës une nouvelle bataille d'Hernani, la parodie de *Chez ces gens-là* de Brel intitulée *Chez les Fafa* aggravait la blessure, tandis que *L'emmerdant c'est la rose* repris à l'unisson, non par des bourgeoises du XVIe arrondissement comme l'affirmera, avec légèreté, Pierre Bérégovoy, mais par un public populaire, venu de la circonscription de Pierre Mauroy, parachevait le tout.

Thierry ne s'était pas dégonflé, créant l'événement de portée nationale, Michel Drucker non plus, qui avait laissé rire au nom de la liberté d'expression.

Vingt-deux millions de Français à l'écoute, et une presse divisée. Pour Dominique Jamet, du *Quotidien de Paris* : « Il y avait du Cyrano dans ce Tom Pouce qui ne vise pas bien haut, mais marche tout seul... On ne comprend rien à ce luron si l'on ignore qu'il appartient à une espèce rare, de ceux qui ne refuseront jamais pour le plaisir d'un mot méchant, fût-il méchant mot, le risque et l'honneur de se faire des ennemis puissants... Le Luron va-t-il trop loin? Assurément et imperturbablement. Plût au ciel qu'il ne fût pas le seul dans ce cas... »

Tandis que Philippe Meunier constatait aigrement dans *L'Humanité* : « Déguisé en Glandu, il gratte les racistes là où ça les démange. Le Luron prétend s'inspirer de l'actualité. Oui, celle de *Minute*. Son naturel frondeur le fait tirer des balles à blanc tandis que d'autres se défoulent en tuant à balles réelles... »

Pour sa part, *Le Figaro* saluait le retour triomphal de l'amuseur public numéro 1. Son passage bazooka, sur Antenne 2, n'avait pas laissé indifférent. Thierry jubilait, n'en demandant pas plus. C'est alors que les politiques s'en mêlèrent, donnant à la polémique une dimension exceptionnelle. Accusé de « jouer les pauvres quand il est plein de sous... », Laurent Fabius, le Premier ministre de l'époque, monte au feu sans avoir vu l'émission. Quelle aubaine! Quelle publicité gratuite! « L'on doit, affirme Fabius, refuser tout système de censure vis-à-vis d'un artiste, d'un comique, mais la contrepartie est que les artistes doivent comprendre leur responsabilité et connaître les limites à ne pas franchir. Dans ce cas, la limite est franchie. On peut faire rire, mais il ne faut ni blesser ni avilir... »

Comble de chance, il est aussitôt rejoint par Jean-Marie Le Pen, en personne, qui menace d'engager une procédure pour la parodie : *Le Pen, attention danger!*

Quand l'extrême droite et la gauche cohabitent...

Thierry n'en espérait pas tant. Il venait de réussir l'un des plus grands coups médiatiques, forçant le pouvoir à dialoguer avec son chansonnier. En revers de la médaille, son image d'humoriste de droite se renforçait, ce qui le révoltait particulièrement. Il se voyait anarchiste, plutôt, et n'avait pas hésité pour donner le change à soutenir Roger Knobelspiess en 81. Une expérience édifiante : « Je l'ai aidé au moment où celui-ci avait plein d'ennuis avec la justice... Guy Bedos et Georges Moustaki étaient annoncés en même temps que moi, mais on les a pas vus. Moi, j'y suis allé. Lorsque je suis entré dans la salle, je me suis fait siffler par les deux mille gauchistes qui étaient là... Je leur ai dit : « Je souhaite à Roger Knobelspiess des juges moins cons que vous, sinon il est cuit d'avance! Un quart d'heure plus tard, je quittais la salle sous un tonnerre d'applaudissements! Voilà qui m'a fait très plaisir! »

En fait, sa démarche personnelle le portait à s'amuser de ceux qui nous gouvernent, d'un côté comme de l'autre, Laurent Fabius, trop vert encore, venait de tomber dans le piège, en lui collant une étiquette par trop voyante, même si...

« C'est sans doute le 10 mai 1981 que je me suis aperçu que je n'étais pas vraiment de gauche... Mais je fais une distinction entre ma vie privée et mon activité professionnelle. Je vote dans l'isoloir. Je refuse le schéma : Bedos comique de gauche, Thierry comique de droite. Même si Barre devenait président de la République, je taperais sur Barre... C'est comme un tir aux pigeons, ce n'est pas le fusil qui change mais les pigeons.

« Quand je tapais vertement sur la droite, c'était de l'humour, quand je tape sur la gauche, ça devient de la politique... Aujourd'hui, ce que réclame le public, c'est une corrida... Il finira par exiger les oreilles et la queue... Après tout, je ne fais que m'engouffrer dans la voie ouverte par Coluche... »

Coluche qui, dans *Le Journal du Dimanche*, vole au secours de son ami Thierry bien malmené par l'intelligentsia rose : « Ce qui est ridicule, c'est de se scandaliser, on n'a pas à se demander si Le Luron dépasse les bornes ou pas. On doit simplement constater si c'est drôle. C'est la seule sanction. Tant qu'on fait rire, on a raison! D'ailleurs, il y a des gens qui y ont été très fort contre les politiciens avant lui.

« Jean Yanne, par exemple, à la radio, a fait très fort. Et moi aussi, j'ai fait très fort contre la droite. Moi aussi j'ai tenu des meetings à la télé et dans les salles. On n'a donc pas à s'étonner des réactions politiques à cela, car humour et militantisme n'ont jamais fait bon ménage. La gauche n'a pas à s'en inquiéter. Elle a tout à y gagner.

« Moi-même, malgré mes attaques sur les diamants, j'ai été une bonne chose pour Giscard. Les attaqués profitent toujours de nous... Quant à savoir s'il a blessé ou avili quelqu'un, je ne suis pas du tout d'accord. Blesser ou avilir, c'est le fait des hommes politiques. Le nôtre, c'est de faire rire... »

Dans le même article, Guy Bedos, qui ne digère pas le triomphe de Thierry à Paris, se montre moins magnanime : « Ce qui me scandalise, au fond, c'est qu'il se donne des allures de Zorro, de martyr. On dirait un Bolivar libérateur, alors qu'il n'a jamais été aussi soutenu. Ce qui me scandalise aussi, c'est qu'il se dise un éternel opposant alors qu'il ne tape pas sur tout le monde de la même manière. Il cache un peu trop qu'il est à droite. Il est à droite, un point c'est tout. Je crois que si j'étais aussi réac que lui, je ferais pareil. Il est donc dans son rôle... »

Cloué dans sa chambre d'hôpital, loin des bravos, dépouillé de son habit de lumière, Thierry oubliait aujourd'hui son rôle. Le moral chaviré, le laissant à sa solitude, j'accompagnai Hervé Hubert au théâtre, un théâtre en relâche exceptionnel dû à « des incidents techniques », comme le signalait un écriteau rédigé à la hâte.

Il lui fallait rembourser neuf cents places, affronter des spectateurs venus souvent de très loin et qui, ne comprenant rien, croyaient aux caprices d'une star : « Le Luron se fout de nous... Il passe son week-end à Deauville... De mon temps les artistes respectaient leur public... » Autant de réflexions compréhensibles sous l'emprise de la déception, mais qui, là, frappant injustement, faisaient très mal.

Quelques heures plus tard, Hervé Hubert, Alain Martinot et moi-même, bientôt rejoints par Gérard Russo, passions notre première nuit de veille à l'étage de Lariboisière. Campant sur des lits de fortune, attentifs au moindre appel de notre ami. Ne trouvant aucune explication à l'enchaînement de ces événements tragiques. Redoutant à chaque instant le pire. Peu à peu, les infirmières nous adoptaient, apportant cafés et sandwiches, nous invitant même à partager leur repas de réveillon, le 31 décembre. Un réveillon que nous aurions dû passer au 78, l'ancien Lido, entourés des Blue Bells Girls! Thierry multipliant les galas privés, accumulant les efforts physiques.

Abattu, hagard, déconnecté, ivre de calmants, Thierry supportait ses maux, ne sortant guère d'un demi-coma.

La presse, en un communiqué laconique, faisait état d'une « hospitalisation pour sciatique et forte fatigue ».

Plus pessimiste, le scanner révélait plusieurs tumeurs au cerveau. Des analyses affinées découvriront un mal incurable. Thierry n'en apprendra la nature qu'à sa sortie de l'hôpital. Accusant le coup sans craquer...

A force de volonté, de bagarres contre son corps, conforté par la présence permanente de son équipe, par les nombreux témoignages d'amitié, par sa croyance en Dieu, il revenait à lui, reprenait le dessus, regagnait du terrain.

Réagissant en champion, il n'aspirait plus qu'à sortir de cette passe difficile. Retrouver la chaleur du public, la scène.

Soulevant le bras, puis la jambe, posant un pied à terre, se rasant de nouveau sans aide, l'on crut tous, fermement, à une rémission.

Fragile encore, on le surprit, à plusieurs reprises, chantonnant dans sa chambre.

Un après-midi même, il vint nous rejoindre dans le couloir, le temps d'une partie de Trivial Pursuit. Redoublant de projets, il nous parlait de déménager une fois encore. Pas de doute, tous ces éléments positifs marquaient une reprise d'activité évidente.

L'on se prit alors à rêver. Et si la médecine avait commis une erreur de diagnostic, si la nature nous l'avait rendu comme avant ? N'était-il pas l'homme de tous les dépassements, de tous les miracles ? Si l'avenir lui souriait à nouveau ?

Trois semaines plus tard, je le retrouvai au Crillon, place de la Concorde. Il y avait pris une suite, modeste mais confortable. Thierry s'affairait un téléphone à la main. En apparence, son séjour ne l'avait guère éprouvé, seules quelques boîtes de médicaments, sur une tablette de la salle de bains, me rappelaient à la dure réalité. Nous devions interpréter le sketch de Raymond Barre, chez Michel Drucker, ce samedi soir, avant de reprendre le spectacle du Gymnase.

Son attention voguait ailleurs. Toute fixée sur novembre 86, son horizon à lui, date de sa rentrée au Palais des Congrès. Une rentrée qu'il voulait exemplaire, magistrale, comme une claque adressée à un métier qui lui avait tant reproché les égarements mégalos de *Thierry Féeries*. « Je ferai Mitterrand, Rocard, Le Pen... Ce sera plus virulent qu'avant, plus riche encore... »

Nous nous mîmes à relire *Raymond Barre à Saint-Jean-Cap-Ferrat*... A ma grande stupéfaction, Thierry découvrait le texte, à croire qu'il ne l'avait pas joué trois cents fois. Butant sur chaque mot, mettant en doute la portée des calembours, m'interrogeant sur la chute : « Tu crois qu'ils vont rire là-dessus... ? Explique-moi. Qu'est-ce que cela veut dire... ? »

Bas le masque! Finie la comédie! La vérité était tout autre. Thierry se remettait mal. Cherchait sa concentration sans jamais la trouver. Il se fatiguait vite. Tout l'agaçait : ses amis, Mattéo son maître d'hôtel, le personnel du Crillon, son chien même...

J'avais un autre homme devant moi. Meurtri dans sa chair, qui luttait jusqu'au bout de ses forces pour paraître intact, inusable.

Le filage, au Pavillon Gabriel, se passa mal. Envoyant balader les techniciens qui fumaient, il était devenu susceptible, irascible, partial... Perdant la mémoire, se cherchant en permanence. Je fis le direct, ce samedi soir, avec l'ombre de Raymond Barre et le fantôme de Thierry. Un ami harassé par cinq minutes de télévision, sans ressort, sans punch. Des larmes plein le cœur. Je commençai à douter de la reprise du spectacle. Désormais seul contre tous, trompant son entourage, préservant les siens, Thierry engageait sa course contre la mort, lui déclarant une guerre impitoyable.

Il ne changeait rien à ses habitudes, fuyait en avant, multipliait les projets les plus insensés, nous donnant à chaque instant une gigantesque leçon de courage.

Jamais aucun des spectateurs du Gymnase n'aura soupçonné l'ampleur du mal, cet « Alien monstrueux », comme il l'appelait lui-même, qui lui dévorait l'âme, rendant la sentence à chaque seconde plus irrévocable. Se refusant à parodier Brel en play-back, dansant avec le même entrain sur les airs de Chantal Goya. Magnifique bras d'honneur aux rumeurs qui enflaient.

Et pourtant... Monsieur Glandu s'asseyait derrière son réchaud, bien plus que de coutume, Georges Marchais s'accrochait à l'écran du prompteur, Mitterrand paraissait battu déjà.

Thierry ne réagissait plus. L'au-delà devenait sa propriété. Seule la mécanique fonctionnait encore, par réflexe. L'œil et l'oreille perdaient peu à peu leur acuité, la présence s'estompait.

Dormant vingt heures par jour, il ne vivait plus que pour cent vingt minutes de scène, celles qui le rattachaient à son quotidien. Son passé déjà. Le mauvais rêve devenait réalité. Thierry le savait et m'en parlait dans sa loge. Lucide et froid. Acceptant le verdict d'un destin jusque-là généreux. Les nerfs à fleur de peau. Gavé de médicaments. Il se contrôlait mal. Le moindre détail prenant alors une dimension exceptionnelle, convaincu de la trahison de tous ceux qui l'aimaient, il se repliait sur lui-même.

N'hésitant pas à blesser, à humilier. Il s'en prend aux techniciens, vire son pianiste. Me répudie. Comment lui en vouloir ?

Les cinq dernières représentations du Gymnase me furent insupportables, suivies d'une série de déclarations détestables. Par pudeur, il éliminait tous ceux qui l'avaient connu en pleine possession de ses moyens, comme pour ne pas leur infliger sa déchéance.

Après un séjour aux États-Unis, Thierry remonte sur scène le soir de la mort de Coluche, à Garches, et lui chante : *Nous nous reverrons un jour ou l'autre...* Un adieu commun, après un mariage commun pour défier Yves Mourousi, une idée de Paul Lederman. Glandu s'apprête à rejoindre Moulinot.

« Des mariés de la dérision, selon Serge July, dans *Libération.* Tous deux ont appris aux Français qu'on pouvait rire de tout sans exception. » Pourtant, entre le meneur de revue à l'américaine, fasciné par les smokings et les strass, et le provocateur en salopette des banlieues, il y avait apparemment un abîme. Il y avait entre eux, certains l'ont cru, tout ce qui séparait la droite de la gauche. C'était vrai. C'était heureusement plus compliqué, et de ce fait nettement plus intéressant.

D'un côté, un personnage « mis en plis », un brushing scintillant, en costumes trois pièces qu'on aurait pu croire sorti tout empesé d'un bureau de sous-préfecture. De l'autre, un beauf cradingue, un pétomane du langage. L'un avait la maigreur et la petitesse de la mesure affectée, l'autre la démesure des gros dégueulasses. Pourtant ils semblaient tous deux issus de deux bandes dessinées. Le Luron paraissait avoir été inventé par Gotlieb, et Coluche par Reiser. D'un côté, Glandu, imper, baguette et béret basque, de l'autre, le beauf de toutes les ignominies. Deux dérisions de la France de 80. L'une plus provinciale, l'autre tout simplement plus banlieusarde.

Entre Coluche et Le Luron, personne n'était épargné. Il y en avait pour tout le monde. Sacré « persifleur numéro 1 » par *le Canard Enchaîné,* pour le spectacle qu'il avait monté à propos des diamants de Giscard, Le Luron avait été féroce pour l'ancien président. Simultanément Coluche se lançait dans la campagne présidentielle avec sa célèbre « candidature nulle ». C'est que Le Luron avait une réelle passion pour la politique sans être dupe, tandis que Coluche affichait une méfiance quasi poujadiste de la politique. Deux comportements qui pesèrent sur les élections présidentielles de 1981. Ce qui n'empêchait pas Le Luron d'avoir une certaine tendresse pour Chirac, et Coluche d'afficher la sienne pour Mitterrand.

Mais, à tout prendre, ces préférences politiques n'affectaient pas leur révolte. Car tous deux partageaient cette définition que Le Luron lui-même avait donné de l'humour dans *Libération* : « L'humour peut apporter autre chose : être porteur non d'idée, ni de message, mais d'une révolte. »

Et ni l'un ni l'autre n'en manquait. Elle s'exprimait aussi bien dans leur vie que sur scène.

En septembre 1985, c'est le mariage parodique de Le Luron et de Coluche : c'est l'acte quasi officiel de la cohabitation, entre Glandu et le Beauf qui, comme nul ne l'ignore, a préludé à celle de Chirac et Mitterrand. Ce fut, tout naturellement, comme celle qui allait suivre : un mariage blanc. Mais néanmoins une fête. Celle de la tolérance. Le Luron et Coluche venaient de découvrir que leurs personnages étaient finalement cousins...

Il y avait entre eux un lien indissoluble. Ils appartenaient tous deux au parti de la dérision, mais une dérision qui avait un cœur « hénaurme » et un goût formidable pour la vie...

Avant son dernier salut, le 13 novembre 1986 à la clinique du Belvédère, Thierry s'agrippe désespérément à tout ce que la vie lui tend. Entre deux séjours à l'hôpital, il chante, imite. On le voit à Villefranche-sur-Mer, à Saint-Raphaël, à Vittel. La rumeur a empli la France. Thierry se veut plus vif, plus mordant, et lance aux spectateurs : « Le mourant vous salue bien... »

Inlassablement, il s'occupe aux aménagements de sa villa de Saint-Tropez, face à la plage des Graviers. Il reçoit les photographes, pour prouver qu'il n'a pas changé. Se force à sourire devant l'objectif, après de longues séances de maquillage.

On le dit mort. Il passe au journal d'Antenne 2 : « Rassurez-vous, je n'ai ni le sida, ni le cancer... » Pour prouver sa bonne forme, il improvise toute la nuit, au piano-bar de L'Apocalypse, chez Olivia Valère, et honore Eddy Barclay de sa présence pour une fête le 15 août. Impeccable ! En septembre, Alice Sapritch le brocarde au « Jeu de la Vérité », de Patrick Sabatier, Thierry lui répond en direct annonçant sa rentrée de novembre au Palais des Congrès.

Curieusement, aucune répétition n'est programmée. Pas de nouveau portrait sur l'affiche, non plus...

Je le joins au téléphone au Crillon. Pour moi, il a levé le barrage qui le coupait du monde : « C'est trop con de se disputer. Je suis guéri... Déjeunons ensemble. A bientôt... Embrasse fort ton petit danseur... » : Pascal, mon fils de six ans.

Le ton est las, et cassant. Il bluffe mal.

Le 13 octobre, il reçoit Jacqueline Cartier, son amie, sa confidente. Il lui avoue avoir toujours eu une forte constitution avec une frêle santé. Il nie toute fatigue. Lui assure avoir fait le point, revenant à ses premiers auteurs : Jean Lacroix et Robert Lassus. Fustigeant ses « faux amis », ne croyant plus qu'en le regard de son chien, Teddy, son labrador. Il lui parle cependant de son nouveau show, des textes qu'il a écrits, lui tout seul. Il vide son sac avec une insolence rare, une démesure justifiée par sa seule maladie.

« Quand le rideau se lèvera, je serai seul en scène, avec la guitare de Brassens... »

Je voudrais m'adresser
avant de commencer
à tous les empaffés
qui m'avaient enterré
prématurément je le jure.
A ces gens du métier
si bien intentionnés
qui avaient colporté
que j'étais condamné...

Des vers criant vengeance pour un spectacle qu'il savait être le dernier. « Le prochain Noël, à Saint-Tropez, on fera une fête éblouissante. Après, eh bien après... on avisera. »

Au Palais des Congrès, d'autres bien sûr en auraient pris pour leur grade. Les classiques d'abord. Jean Ferrat :

Je vis retiré en Ardèche
Je pratique l'écologie
J'suis le Doumeng du show-business
Je cultive mes royalties
Mon compte au Crédit Agricole
Est l'un des plus gros du pays
Depuis que je ne verse plus mon obole
Dans le tiroir-caisse du parti
Je ne suis qu'un bruit...

Léo Ferré, son œil en papillote, sa bouche en cœur, sa folle crinière :

Je suis normalement constitué
J'ai le cœur d'un certain côté
Le portefeuille de l'aut'côté
Comme ça la morale est sauvée
Les temps sont hypocrites...

Brel, qui lui avait porté bonheur au Gymnase. Brel qu'il n'a jamais osé imiter auparavant. Brel et sa *Valse à Mitt'rand* :

Au premier temps de la valse
Le 10 mai il y a cinq ans
Au premier temps de la valse
Mitterrand devient président
Et Mauroy qui bat la mesure
Mauroy qui mesure notre émoi
Et Mauroy qui bat la mesure
Nous murmure, nous murmure tout bas...
Au deuxième temps de la valse
A l'apogée du changement
Au deuxième temps de la valse
Mitterrand change de gouvernement
C'est Fafa qui bat la mesure
C'est Fafa qui mesure notre émoi
C'est Fafa qui bat la mesure
Fafa qui mesure son émoi
Et remplace l' gros Mauroy
C'est la valse à Mitterrand
Encore un changement
Une lubie en passant
Mais les revirements
Ça déroute souvent
Les militants.
Au troisième temps de la valse
C'est l' moment de faire le bilan
Le troisième temps c'est le 16 mars,
La majorité change de camp
C'est Chirac qui bat la mesure
Chirac qui s'mesure à François
Et Chirac aidé d'Balladur
Laisse éclater sa joie
C'est la valse à Mitt'rand

De son gouvernement
Qu' aura duré cinq ans
A la place de sept ans
On a gagné deux ans.
C'est épatant.
C'est la valse à Mitt'rand
Il est temps maintenant
De faire rentrer d' l'argent
En reprivatisant
C'est la valse à Mitt'rand
C'est la valse à Mitt'rand
Qu'a patienté longtemps
Avant de s'offrir le temps
De relire les romans
D' Françoise Sagan
C'est la valse à Mitt'rand
Et des socialisants
On s' souviendra longtemps
De cet instant charmant
On r'grettera seulement
Qu' cette valse... ait mis le temps

Des pots pourris encore, chargés de voix jusqu'alors jamais imitées à Paris : Piaf, Zaraï, Vartan, Earta Kitt, Jonasz, Higelin, Sinatra, Armstrong, Tom Jones, Presley, Sammy Davis Junior...

Un feu d'artifice pour adieu.

Le 22 octobre 1986, le verdict du professeur Léon Schwartzenberg tombe, sec comme un couperet, traumatisant la France : « Thierry Le Luron, souffrant d'un cancer des voies respiratoires, subit un traitement qui l'empêche actuellement d'honorer ses engagements... » Par deux fois, le Palais des Congrès l'aura vaincu.

Isolé du monde, fatigué, défait par une chimiothérapie intensive, caché de tous, il écrit à ses amis sur papier à lettres à l'en-tête du Crillon. Seul à forcer ce huis clos tragique, Roland Hubert, son agent, un « saint homme », dira-t-il, est présent de bout en bout.

Il décline rapidement, ne peut plus s'exprimer oralement. Ses dernières volontés seront griffonnées. L'homme de communication ne peut plus communiquer. Le martyre s'achève, même ses parents ne le reverront pas. Il veut garder son image intacte, leur interdire ses souffrances. Le rideau va définitivement tomber le 13 novembre au matin, à la clinique du Belvédère.

Sept années d'amitié perdues.

A la pommade de déferler maintenant, aux vieux crocodiles d'y aller de leurs larmes, sans retenue. Ils avaient déjà répété avec Coluche, six mois plus tôt.

Raymond Barre entre en scène, il avait un avantage sur les autres, l'avoir reçu en dernier lors des vacances d'été : « J'apprends sa mort avec une profonde tristesse. Nous avions encore, ma femme et moi, passé avec lui, en août, quelques moments où nous avions apprécié sa gentillesse, son esprit et sa simplicité. Les Français admiraient son talent, mais ils l'aimaient surtout parce qu'il méritait de l'être... »

Valéry Giscard d'Estaing se voulait dans la confidence : « J'avais voyagé avec Thierry Le Luron. Il m'avait parlé de ses problèmes de santé, et à ce moment-là il était tout à fait convaincu que son mal n'était pas un mal très grave, et qu'il était victime d'une campagne de dénigrement. Il m'a envoyé un mot la semaine dernière en me disant qu'il traversait une période très pénible de sa vie, et qu'il espérait avoir l'occasion de nous revoir... »

Sans rancune pour le *Bonjour mes diams,* ni pour ce qualicatif de « Kennedy devenu Louis XV », un Giscard qui descendait de ce roi par « l'escalier de service », selon Thierry.

Jean-Marie Le Pen oubliait qu'il l'avait traîné en justice pour des propos sur « les crânes rasés » et quelques souvenirs de « vélodrome » : « C'était un grand comédien qui n'a pas été tendre avec nous, il a même parfois dépassé les bornes, mais nous ne pouvons que lui pardonner ses excès... »

Georges Marchais, l'une de ses cibles favorites, se montrait grand seigneur : « Il était l'un de ceux qui faisaient vivre la tradition, si spécifiquement française de l'art du chansonnier. Il avait la dent dure, comme l'on dit, et j'en sais quelque chose, c'est la règle du jeu que certains n'admettent pas et qui lui valurent ces dernières années une longue période d'ostracisme dans les médias de l'État... » Il est à noter que le « premier sectaire du Parti communiste », pourtant taillé en pièces, n'est jamais intervenu pour faire interdire un sketch.

De tous, Jacques Chirac fut sans doute le plus réellement bouleversé; ami de Thierry, c'est lui qui intervint pour qu'on le soignât aux États-Unis : « J'avais pour lui l'admiration que l'on porte à un grand artiste, et l'affection que suscitait naturellement ce garçon au cœur si généreux, qui a été le témoin lucide et ironique de notre vie politique... »

François Léotard psychanalyse : « Sous son talent, il y avait aussi la tendresse, le rire n'était jamais méchanceté, il signifiait souvent le vrai recul par rapport aux êtres et aux choses... »

Philippe de Villiers nationalise : « Cette veine satirique de Molière à Alphonse Allais et Fernand Raynaud raille sans aigreur... C'est une tradition française qui est en deuil... »

Chaban-Delmas, lui, tire les marrons du feu. Il a trop de peine pour parler et le dit sur toutes les radios, toutes les télés. N'était-il pas au démarrage de cette carrière fulgurante ? Il se confie à Alain Pacadis de *Libération* : « Je lui ai fourni très involontairement un tremplin, et il a pris un élan formidable. Il était d'une délicatesse extrême... Ma mère avait été l'une de ses premières admiratrices, elle le trouvait épatant et elle avait raison, et lui avait été très ému de voir cette vieille dame qui l'applaudissait... Et puis elle s'est retirée. Il allait la voir une à deux fois par an dans sa retraite. Il lui apportait quelques douceurs. Il causait avec elle. Est-ce que vous connaissez beaucoup de gens qui, étant arrivés au faîte, s'en souviennent ensuite, et reviennent ? Moi je n'en connais pas beaucoup! Voilà Thierry Le Luron. Tout ce qu'il faisait pour les démunis, les malheureux, il le faisait toujours avec une discrétion extraordinaire, sans pareille... Nous sommes tous très atteints par sa mort. Il était assez engagé. C'est grâce à lui que je me suis corrigé... »

Mitterrand, plus simplement, salue « son courage face à la maladie ».

Michel Drucker, Patrick Sabatier, Yves Mourousi n'en rajoutent pas et se montrent exemplaires. Sobres et justes.

Guy Lux bute sur les mots, troublé par le chagrin.

Line Renaud, que Thierry adorait, avoue « avoir perdu un fils espiègle, un grand petit bonhomme... »

Alice Sapritch reconnaît son fair-play : « Il a souvent dérapé, mais a préféré garder mon amitié plutôt que de faire rire à mes dépens... »

Fidèle à sa griffe, Jean-Edern Hallier dérape dans le culturel : « C'est le Fanfan-la-tulipe de la liberté d'expression. Lui au moins osait dire tout haut ce que chacun pensait tout bas. Il était supérieurement doué de cette qualité nietzschéenne par excellence, le rire de la vérité qui distingue les grands artistes ou créateurs des autres. Il frôlait, il agaçait, il froissait, il déchirait, il abaissait surtout ce que le psychanalyste Lacan a appelé " la barre de la censure ". »

Le Luron prenait des risques. Il avait relevé à sa manière la tradition des grands pamphlétaires, Henri de Rochefort, Bloy, Bernanos, Mauriac. La cabale des dévots prenait son mal en patience, au nom de la tolérance des chansonniers. En grinçant des dents on se disait : « On finira bien par l'avoir... »

De tous les hommages, celui qui l'aurait le plus touché sera celui du public, des milliers d'anonymes venus se recueillir dans la crypte de la Madeleine, ceux qui lui avaient donné le jour en votant pour lui au « Jeu de la Chance », seize ans plus tôt, et ne l'avaient pas oublié. A sa façon, Thierry leur avait fait du bien. Il les avait distraits sans compter, mais surtout leur avait permis de rêver, prouvant qu'aujourd'hui encore, partant de rien, l'on pouvait se faire une place au soleil. A condition d'y croire, et d'en vouloir. C'était beaucoup d'eux qu'il emmenait sous les lambris dorés des grands de ce monde...

Grâce à lui, ils roulaient en Rolls, pilotaient un hors-bord, fréquentaient les Rothschild, et couchaient à Saint-Tropez.

Une messe réglée comme un soir de première, un « Ave Maria » sublimé par Nana Mouskouri, quelques visages connus cherchant la caméra, d'autres rougis par les larmes... Chirac, Barre, Giscard enfin réunis, le Tout-Paris comme à la parade. Une cérémonie à guichets fermés. Le chagrin d'une famille pétrifiée par la douleur. Son équipe effondrée. Le métier qui va « s'faire une bouffe après la cérémonie ». Un chien orphelin. Le fourgon qui file vers la Bretagne. Une tombe de granit ocre fleurie en permanence. De nouveaux imitateurs que l'on prépare en coulisses tant que la place est chaude. Beaucoup de répit pour les politiques, ils peuvent divaguer en paix. L'oubli déjà qui monte comme la marée. Des parents, de vrais amis qui se remettent mal. Une collection particulière bradée à Drouot. Des biens éparpillés.

« The show must go on! » La phrase alibi. Un vide immense.

Il voulait être en scène, comme Maurice Chevalier, jusqu'à son dernier souffle.

Ce fut tout comme.

2.

L'ENFANT DU TEPPAZ ET DU TRANSISTOR

Le Luron. Un nom en forme de plaisanterie, trop beau pour être vrai.

Comme un défi lancé à la face des imprésarios du monde, en quête de pseudonymes accrocheurs. Ils l'appelleront : Le Lutin, le Ludion... pour se venger, sans doute.

Thierry Le Luron. Un môme comme les autres. Le petit d'un Breton navigateur au long cours dans la marine marchande, et d'une Parisienne bon teint, tendre et possessive comme le sont toutes les mamans. Un frère aîné, une sœur. La noblesse de la France profonde, travailleuse et respectable.

Une éducation traditionnelle. Des réflexions classiques, souvent agaçantes, la peur de gêner : « Mouche ton nez, dis bonjour à la dame, que vont penser les voisins, fais pas ci, fais pas ça... », celles qui vous conduisent tout droit derrière le guichet d'une banque, ou le volant d'un autobus, plus tard, chez les grands.

Une enfance comme les autres. Le XIIIe arrondissement et son avenue d'Italie, souvenirs aujourd'hui coulés dans le béton des promoteurs.

Bagneux, l'école Sarrail, la communale, les premières gifles, les premiers gros mots, les premières larmes.

La Bretagne et ses vacances, mi-soleil, pleine pluie. Cancale, le père Cadiou, l'ancien Terre-Neuvien, ses histoires formidables, aventures en direct pleines de voiliers, de baleines, d'icebergs, de pirates.

La télé du jeudi, chez tante Lucie, « Tatie bonbon », Jean Nohain, Bernard Haller, Edmond Taillet, Martine Havet, Zorro, Rusty et Rintintin, les copains vedettes. Le cinéma du dimanche en matinée, un gros cinéma vert et crème, avenue de Choisy, Walt Disney, Eddie Constantine, Debra Paget, le Tigre du Bengale, le Tombeau hindou et les sucreries de l'entracte.

Le théâtre de Roland Pilain, pour enfants exclusivement, les Trois petits cochons, le Chat botté. Un concours qu'il gagne : il s'agissait de compter les spectateurs présents. Et une nouvelle sensation, jubilante, en entendant son nom au micro. Tiens, tiens...

La radio, la découverte du transistor : « La famille Duraton », le soir à l'heure du Royco; « Ça va bouillir », le midi : Zappy Max, en lutte contre Kurt Von Straferberg alias le Tonneau, pour frémir. Les chansonniers et la chronique de Pierre-Jean Vaillard, décapante, dérangeante pour le pouvoir, déjà. Une leçon et un modèle.

Les promenades culturelles. Les musées et les châteaux. Il s'y ennuyait ferme, à l'exception de Versailles, qu'il adorait. Trouvant ce lieu tout à fait à sa mesure. En toute simplicité.

Mogador. Le Châtelet. Les opérettes, *Colorado* avec Armand Mestral et Bernard Alvi. Une passion qui se dessine. Le scintillement des lumières, la foule qui bruisse, l'odeur de poussière, le velours cramoisi des fauteuils, la messe du plaisir, le grand air repris à tue-tête le lendemain pour les voisins, fenêtres ouvertes : « Colorado, doux berceau des chimères, Ô doux Colorado, austère terre des mystères. » La naissance d'une admiration pour l'opérette et ses interprètes : Lucien Lupi, Georges Guétary, André Dassary, Marcel Merkès et Paulette Merval.

L'électrophone Teppaz. La tirelire que l'on brise pour acheter les super 45-tours à la mode : Dalida, Bécaud, Distel et Tino Rossi, l'idole de son père.

Une jeunesse privilégiée toute barbouillée d'amour et de grenadine.

Les scouts encore. Il y apprit l'effort, l'endurance, l'obstination, l'esprit d'équipe, la fraternité. Les scouts, son public, par hasard, un soir pour distraire la troupe dans un refuge, au pied du Mont-Blanc. Des chansons à la carte, « à la manière de », avec en prime une conférence de presse improvisée du général de Gaulle juché sur un tabouret. Merci, Tisot! Plus qu'un succès d'estime.

Thierry prend sa décision. Il fera l'artiste, sur scène, un micro à la main, parodiant, vivant la vie des autres. Il s'exhibera, quitte à se faire mal, très mal : « S'offrir aux spectateurs, c'est comme se jeter dans le vide du haut de la tour Montparnasse. Je n'ai à ce moment-là plus une goutte de salive dans la bouche. Je rêve d'un torrent d'eau minérale... »

Sûr de son choix, il n'aime guère se mettre en doute, il se fait imprimer des cartes de visite : THIERRY LE LURON. L'INIMITABLE IMITATEUR. Un qualificatif culotté que lui chiperont bien des journalistes en manque d'inspiration.

Les bravos l'appellent, il ira aux bravos.

A la tête d'un groupe tout d'abord, en amateur, accompagné de deux guitares et d'une batterie, sur la lancée des Chats sauvages, Chaussettes noires et autres Pirates. Ils s'appelleront les Rats crevés. Leur terrain : les quinzaines commerciales, les kermesses, les fêtes des écoles, les podiums...

Mai-68 : ses manifestations, ses slogans, ses barricades.

Lakanal, le lycée de Sceaux, a fermé ses portes : grève oblige. Loin des flambées politiques, Thierry regarde la télé. Au journal de 20 heures, le président de l'Assemblée nationale s'offusque : « Monsieur Ballenger, s'il vous plaît, laissez parler l'orateur... » La voix nasillarde, facilement identifiable, connue de tous. Imitable. La famille s'amuse. Jacques Chaban-Delmas vient de révéler Thierry Le Luron qui arrêtera sa terminale sur-le-champ, plaquant ses études avec l'accord de ses parents.

Début 69. Il rejoint les siens à Perros-Guirec. En chemin, des affiches retiennent son attention : « Concours d'amateurs au Casino. Droit d'inscription : 5 francs. » Sans attendre, il fonce, accueilli par l'animateur d'été Maurice Maillet, plutôt surpris : « Tu viens nous faire des imitations... à ton âge ? »

Thierry attaque son tour en entier : Hallyday, Adamo, Chaban, de Gaulle... et arrache sa participation. Après plusieurs semaines, il obtient le titre de finaliste. Il a vaincu, et obtenu un passage éclair en première partie d'Enrico Macias, un article dans la presse régionale, un engagement pour un disque en Belgique et 1 200 francs en espèces. Le Pérou... « On peut donc gagner de l'argent en chantant, voilà qui change le cours du destin! »

Bruxelles. La maison de disques a fait faillite; pour le consoler, on l'envoie au « Moulin Rouge », place de Brouckère. Il y a des filles partout. Sur la scène et dans la salle.

Emballé, le patron lui propose un contrat de trois ans, à 2 000 francs par mois, logé et nourri. Mineur, il ne peut signer. Une chance encore, car il reviendra en Belgique, en vedette, à 50 000 la soirée et ce, moins de trois ans après! De retour à Paris, sa déception en bandoulière, il frappe aux portes, sans succès. L'imitation est définitivement classée comme un art ringard et sans avenir. Malgré la présence de quelques phares : Jean Raymond, Jean Valton, et André Aubert, elle piétine. Léo Missir, directeur artistique des disques Riviera (il découvrira Balavoine plus tard), l'assassine : « Vous n'avez aucun espoir dans la carrière... »

D'autres se seraient découragés. Pas Thierry, qui entreprend la tournée des cabarets. Les auditions en fin d'après-midi, le numéro qui passe, aussi vite interrompu. La honte sous toutes ses formes. Des artistes chiens, traînés plus bas que terre. Les magouilles à deux sous, pour s'imposer, trouver une place dans un programme minable. Les réflexions à l'emporte-pièce, blessantes : « Vous êtes trop petit, trop jeune, vous n'avez aucun talent. On vous téléphonera... A votre place je chercherais du travail aux PTT... » L'incapable de service sait remonter le moral des écorchés vifs! A l'Échelle de Jacob, rue Jacob, Tim, un ami de Mme Lebrun, la patronne, est formel : la science infuse. « Thierry Le Luron. Le Luron. Mais c'est un nom à coucher dehors! Et vous voulez réussir avec un pareil sobriquet? La porte est là-bas... » Coup double : il refusera ce jour-là Thierry et un autre débutant, plein de gouaille dans la voix, un certain Daniel Guichard...

Repêché par René, le barman de l'Échelle, Thierry pourra auditionner devant Mme Lebrun en personne. Elle l'enverra faire ses preuves, en province, à L'Oasis de Calais, chez les Pfeifer. Cinquante francs par jour, pour deux passages. Son petit conservatoire à lui, et la possibilité de s'exprimer devant la bourgeoisie du Nord, et quelques VRP assoiffés, mais de s'apercevoir aussi que le tour fonctionne. Premiers conseils professionnels de

M. Pfeifer : « Thierry, tu dois chausser des vernis noirs. Toujours du noir, après 20 heures... » La remarque fera son chemin, il ne portera que ça.

Thierry s'en doutait-il ? Dans quelques mois, Paris l'acceptera...

Grâce au « Jeu de la Chance » de Raymond Marcillac. Il y fut, en cachette, inscrit par sa maman ; sa mère qui le porta jusqu'au cœur du show-business le confortant dans ses aspirations, un métier qui devait très vite lui enlever son fils sans qu'elle n'y comprenne rien.

Le 11 février 1970 marquera son vrai départ, avec sa première imitation de Jacques Chaban-Delmas à la télévision, à l'occasion du 70ᵉ anniversaire de Jean Nohain. Il sera le dernier après Fernand Raynaud, Bernard Haller, auquel Jean Nohain portera chance.

« Un « Jaboune » paternaliste à souhait, et un peu gâteux, auquel il rendait hommage chaque soir, en déclenchant l'hilarité générale.

Tournant le dos au public, dégoulinant de gentillesse :

« Ah ! comme je suis content, heureux de me trouver ce soir parmi vous, ce charmant public que j'aime tant. Aussi laissez-moi saluer tous les papas, toutes les mamans, tous les grands-pères, toutes les grands-mères, tous les petits garçons et toutes les petites filles, tous les neveux, toutes les nièces, tous les aviateurs, tous les marins, tous les militaires, tous les civils, tous les curés, tous les athées, les Français, les Belges, les Suisses, les Normands, les Bretons, les

Francs-Comtois, les Auvergnats, etc. ! » Et Jean Nohain, après un monologue d'une bonne dizaine de minutes, regagnait la coulisse encadré par deux infirmiers...

Voilà qui est fait, Thierry signe ses premiers autographes, et le fameux Tim, de l'Échelle de Jacob, lui trouve tous les talents : « J' vous l'avais dit. Ça ne pouvait pas ne pas marcher... »

Présentateur du programme de l'Échelle, il y donne son tour, pour 30 francs par soirée. De 22 heures à 2 heures du matin. Des imitations reprenant les textes originaux. Perdant ainsi 90 % de leur impact. Jean Amadou, Jacques Weber, mais surtout Jean Lacroix et Patrick Font se jetteront bientôt sur leurs stylos!

Avec l'Échelle de Jacob, Thierry découvre la nuit, et ce voyage au long cours dont les seuls récifs sont les verres de whisky tonic sans cesse renouvelés.

En avril 1970, il s'achète sa première voiture, une Fiat 125. La plus petite de toutes celles qu'il possédera, ses dinky toys mises à part.

Fou d'automobiles, on le verra en Jaguar, Mercedes, Bentley, Cadillac-Séville, une bonne trentaine en tout. La Rolls restant son moyen de locomotion préféré : « Je sais, des gens disent : ce petit bonhomme en Rolls, c'est pour en jeter. Mais je peux vous dire, j'ai une Rolls parce qu'une voiture peut être un plaisir. Une Rolls, ça sent bon le bois, le cuir, c'est très sûr, très confortable, tout est assisté.

« Alors moi qui passe ma vie sur les routes, autant

que ce soit dans un endroit qui me plaise. Je peux me l'offrir avec de l'argent que je n'ai pas gagné au noir, dont on ne m'a pas fait cadeau, dont je n'ai pas hérité, que j'ai gagné de force en bossant comme un fou depuis l'âge de dix-sept ans, et dont je donne 71,2 % au fisc. Je ne l'ai pas volé dans tous les sens du terme. »

Voilà pour les envieux.

Il est vrai qu'à partir de l'été 1970, Thierry prendra la route pour s'en aller à la rencontre des Français en vacances, pas en vedette encore, mais en lever de rideau de Nicoletta, Joe Dassin ou Richard Anthony. Aujourd'hui, son cachet lui permet même, luxe suprême, d'avoir un pianiste. Jacques Lesage en l'occurrence, l'ancien chef d'orchestre de Piaf et de Catherine Sauvage. L'été 70, l'été de toutes les découvertes, mais de toutes les déceptions aussi. Félix Vitry, le directeur de Bobino, ne l'engagera pas pour le rôle-titre de son spectacle : *Du caf'conc' aux années folles.* Une revue écrite par Claude Dufresne. Il le programmera, en revanche, dès l'automne, avec Pierre Perret et les Frères ennemis. Déguisés en Indiens, André Gaillard et Teddy Vrigneault lançaient un lasso en coulisses, le ramenant ligoté sur scène : « Mais qu'est-ce que tu ramènes là ? C'est Le Luron... C'est un Indien, alors ? Mais non, pas le Huron, Le Luron, c'est un imitateur, et son nom c'est Thierry Le Luron. Mesdames et messieurs, voici Thierry Le Luron. »

Un bide tous les soirs au moment de l'annonce...

Thierry me l'a souvent raconté, qui ne leur en a pas voulu, leur proposant par la suite, régulièrement, ses premières parties. La haute fidélité. Bobino lui valut de bonnes critiques : *Les Lettres françaises, L'Humanité, Le Canard enchaîné, Le Monde* relevaient son « incomparable talent ».

Philippe Bouvard le baptise même « le Tisot de Chaban ». Une profonde amitié, un grand respect lieront Thierry à Bouvard. « Un monsieur », avait-il l'habitude de dire humblement. Complicité d'esprit, de taille aussi, il l'imitait en scène, en retirant ses chaussures pour prouver que le journaliste protéiforme avait bel et bien quelques centimètres de moins que lui. « RTL non stop », « Samedi soir », « Dix de der », « Le Journal de RTL », « Le Théâtre de Bouvard », « Les Grosses Têtes »... Thierry fut de toutes ses émissions. Il s'y rendait comme un petit garçon qui aurait à passer un examen. Philippe Bouvard, par ses mots, sa boulimie de travail, son talent, sa réussite exceptionnelle, l'impressionnait réellement. Il l'appelait Boubou, il lui disait Lulu. « Pendant dix-sept années, rappelle Bouvard dans *France-Soir,* je n'ai pas lancé une émission de radio, de télévision ou une rubrique de presse écrite sans qu'il en soit le premier invité. Il était mon chouchou, mon fétiche, mon ami. J'avais pour lui de l'estime, de l'admiration, de la tendresse... Il savait que je le tenais pour le plus grand, le plus doué, le plus rapide, le plus intelligent, le plus gentil, le plus cruel, le plus renseigné, le plus exigeant, le plus frénétique, le plus lucide... L'éternellement jeune père de Monsieur Glandu restera comme le témoin d'une époque, de la joie de vivre et la liberté de s'exprimer. Il avait parodié tout le monde, mais personne ne pourra jamais l'imiter... »

Le secret de Thierry : le renouveau du genre. Il mariait l'imitation pure en perte de vitesse à l'actualité chaude, remisant à tout jamais Pierre Fresnay, Jules Berry, Michel Simon; il empiétait sur le domaine réservé des chansonniers, en dépoussiérant quatrains et alexandrins, tout en revendiquant fièrement son appartenance à cette caste. « Chansonnier, c'est une définition qui me convient parfaitement, autant que celle d'imitateur. Je suis fidèle à leur esprit, à leur vocation. Je les ai toujours écoutés et suivis avec bonheur. D'ailleurs ils existent toujours et ne croyez pas que l'on n'aille plus les voir. Ils satisfont un besoin fondamental du Français. Lequel? Eh bien, mon Dieu, celui de se moquer, persifler, dévoiler l'hypocrisie, les mensonges, les faiblesses, et les tics de ceux qui nous gouvernent. Cela n'a rien de révolutionnaire. C'est une tradition. Les Français sont ainsi fascinés... par la politique... »

Cette union heureuse le mène tout naturellement au Théâtre de Dix Heures, le haut lieu de « la plaisanterie » dirigé par Oléo, Mme Raoul Arnaud. Là, Thierry est en compagnie des barons : Jean Amadou, Maurice Horgues, Robert Rocca, Anne-Marie Carrière, Patrick Font... Ils font *l'humour pas la guerre...* titre du programme, devant des spectateurs reçus par Colette De Varga, qui de sa lucarne chahute les retardataires. Une tradition sympathique et taquine qu'il voulait reprendre au Gymnase avec Colette. Dans le même temps, il supplie Jean Vergnes, le propriétaire du Don Camillo, de le faire passer chez lui. Accrocheur, Thierry vient y boire un verre tous les soirs. Vergnes l'écoute, le sourire aux lèvres. Il sait que la nouvelle coqueluche des Parisiens ne fera pas le poids là-haut, sur sa scène, face à un public essentiellement provincial. Il sait qu'il ne pourra pas, avec son mètre soixante et son année de métier, lutter à armes égales avec les grands qui viennent ici se mesurer : Trenet, Ferré, Lamoureux, Jean Lefebvre, Jacques Martin, Darry Cowl. Une seule fois, cependant, Jean Vergnes cède. Thierry s'engouffre dans la brèche ouverte, et il triomphe. « Jamais, avoue Jean, je n'avais vu ça. Il est entré sur scène comme une bombe, effectuant une pirouette sur les mains, entamant son tour à toute vitesse. A la fin, les hommes, les femmes, debout sur les chaises, l'applaudissaient à tout rompre. Ils ne le laissaient plus partir. Quelle assurance, quelle présence! Il bousculait tout... On aurait dit un gosse de quinze ans. Tous les soirs, alors, il m'a bourré la salle. Un vrai phénomène... »

Thierry s'installe au Don Camillo. Il en fait sa maison. Arrivant vers 18 heures, il dîne avec le personnel, hante la scène et la salle, respire le lieu. Il le sait bénéfique. Il sait qu'il tient là l'instrument indispensable à sa réussite. Il s'en imprègne, profitant au passage des conseils de Roland Berger, un maître en variétés. Directeur artistique à l'ancienne, Roland se passionne pour ceux qui viennent brûler ses planches, les retient des heures la nuit, après le spectacle, pour leur expliquer les arcanes du music-hall. Thierry l'écoute, comme l'ont écouté et l'écouteront Dalida, Lama, Leeb et des dizaines d'autres aujourd'hui en haut de l'affiche.

Curieux, le Tout-Paris s'empare du Don Camillo. On veut le voir, on veut l'applaudir. Thierry multiplie ses relations, améliore sa performance, le cœur battant. Le Dix Heures, l'Échelle de Jacob, le Don Camillo : la ville semble lui appartenir.

Paul Lederman lui signe un contrat. Les choses sérieuses commencent. Paul, un nom énorme déjà, « manage » la carrière de Claude François, après celle de Michel Polnareff. Il sent le parti qu'il peut tirer de cet imitateur surdoué. Il revoit le look, impose des auteurs, Francis Weber entre autres.

Premier galop d'essai : l'Olympia en 71, avec Rika Zaraï, qu'il écrase.

Rémo Forlani l'affirme sur RTL : « Une étoile est née. » Thierry sort son premier 33-tours (« Productions Paul Lederman ») : *La Chabanisation*. Un tube déjà, signé Jean Lacroix : *Le Ministère patraque*. C'est la fête à Chaban qui comprend tout de suite la popularité qu'il peut tirer de cette sacralisation par le rire, et invite Thierry à l'Assemblée nationale quand il intervient.

Été 1971. Tournée avec Claude François. Thierry découvre un roi du show-business, et une certaine idée de la vie d'une star. Une image que Cloclo projette avec délectation. L'osmose totale.

« Un être ambigu, glacial et chaleureux, intelligent, généreux, brillant, raffiné dans ses goûts. Un chanteur « Tout en Vuitton », hyperprécis, solitaire mais entouré d'une cour de parasites, présent mais fuyant. »

Dans bien des faits et gestes quotidiens, Thierry le copiera. Admiratif.

Mars 1972. Il signe son contrat de vedette à part entière à Bobino, c'est la première fois de l'histoire des variétés qu'un imitateur se taille la part du lion. Par superstition, il occupera la loge de ses débuts, la plus exiguë, celle-là même qu'il retrouvera en 1978 lors d'un second tour :

« On ne prend jamais assez de précaution avec la chance... »

Thierry aimait Bobino, le music-hall du rire, la salle privilégiée de celui qu'il tenait pour son maître : Fernand Raynaud. Dans les périodes d'angoisse, de doute, de violente remise en question, Thierry parlait longuement de Fernand, ses dîners chez lui, ses amis, ses soirées en boîte, choqué que seuls cinq ou six de ses amis professionnels se soient rendus à Clermont-Ferrand pour son dernier voyage...

« Il y a du Molière, chez Fernand. Il nous survivra, à tous... »

Le Luron-ci, Le Luron-là. Il semblait passer

partout. Vif-argent, débordant de vitalité. La presse, la radio, la télé, Thierry dévorait tout de ses longues dents. Qu'il imite ou qu'il chante l'opérette, ce qu'il touchait se transformait en or. *Les Chevaliers du ciel* cassaient la baraque ; dans son tour, Giscard remplaçait Chaban avec autant de bonheur.

La force de Thierry : imiter, bien sûr, à s'y méprendre, mais aussi ajouter le tic, le défaut en l'amplifiant. Un don de l'observation, de la caricature physique, unique. Une analyse politique subtile : « Il faut toujours prendre de l'avance. On se démode à imiter des gens qui disparaissent de l'actualité... »

Sur scène aussi, Thierry l'avait compris, n'ayant ni l'aura ni la carrure d'un Brel ou d'un Hallyday, manquant de force et de puissance, il compose en fondant son spectacle sur des entrées et des sorties très vives, sur des changements de costumes rapides, sur des cassures de rythmes appuyées, sur des parodies courtes mais percutantes. Quatre-vingt-dix secondes au grand maximum, et, hop ! il passe à autre chose.

« Le Luron du Dimanche », dont il est producteur, décuple l'audience de la télévision dominicale. Fer de lance d'un groupe d'amis – Jacques Collard, Patrick Font, François Robboth, Jean-Pierre Mogui, Green et Lejeune –, il revoit et corrige l'actualité de la semaine. Agressif, corrosif. Du jamais vu à l'époque.

Le physique de communiant de Thierry, ses cheveux courts, ses costumes tirés à quatre épingles lui permettent toutes les horreurs. Il ne s'en privera pas.

Le 12 février 1974, alors qu'il est reçu à l'Élysée par Georges Pompidou et son épouse, il fait dire à François Mitterrand : « Je suis venu reconnaître les lieux... » Après un court silence, le Président rit et applaudit.

Ce même François Mitterrand qui l'a toujours évité : « J'ai quelquefois essayé de croiser le regard du premier socialiste, mais cela me semble très difficile... »

Ils avaient cependant la même « cantine ». La brasserie Lipp où Thierry tenait table ouverte, au rez-de-chaussée, sous l'œil de Roger Cazes. Ce dernier prenant un malin plaisir à le faire voisiner avec des hommes politiques, jouant déjà la cohabitation.

Chez Lipp, assurément Thierry connaît ses plus belles joies d'artiste tout parisien.

S'il s'y montre ostensiblement pour mesurer sa popularité auprès d'une certaine élite, teste ses bons mots qui l'après-midi même courront Paris, tire des plans sur la comète entre le filet de thon et le gâteau au chocolat. C'est de ce QG que partent toutes ses disputes et que naissent toutes ses réconciliations, même provisoires.

« La brouille est un jeu de l'esprit... »

La plus célèbre de toutes fut celle avec Alice Sapritch :

« Un jour chez Lipp, mon ami Guy Monréal me mit, sadiquement, sous les yeux, un *France-Soir* à peine sorti de presse. Philippe Bouvard y consacrait un article à la parution d'un nouveau livre d'Alice Sapritch intitulé *Mes dîners en ville.*

« Jusqu'à ce jour, la seule mention du nom d'Alice m'avait toujours mis en joie, et je la considérais comme une amie précieuse, spécialement dans les dîners en ville : elle, son turban, son fume-cigarette, ses aphorismes à l'emporte-pièce y avaient toujours fait merveille. Soudain, elle affirmait non seulement que j'étais un mégalomane – elle est experte en la matière –, mais surtout qu'elle avait toujours mangé chez moi un immonde brouet servi dans une somptueuse soupière d'argent dont je faisais étalage. Cette soupière en argent, j'en étais effectivement très fier, mais elle n'avait jamais servi qu'à offrir à mes amis du caviar dont Alice n'avait pas été la dernière à se régaler...

« Je lui envoyai immédiatement un droit de réponse :

« " Il est à la mode pour les comédiens d'écrire leurs Mémoires, Alice Sapritch, elle, raconte ses dîners en ville. On fait la carrière que l'on peut. Pour ma part, sachant qu'Alice Sapritch mange à tous les râteliers, sauf au sien, je ne la remercierai jamais assez d'avoir fait souvent chez moi la quatorzième à table, en dernière minute... Elle était heureusement toujours libre... Et puis, un jour, sur les 2 heures de l'après-midi, nous nous sommes retrouvés assis à deux tables de distance, chez Lipp encore. Aimablement j'esquissai un sourire. Sapritchienne en diable, elle se retrancha derrière son turban et ses voiles. Subtilement, un clin d'œil de réconciliation, je lui fis porter un petit pot de caviar. Non sans humour, elle m'envoya par retour du garçon une... tarte! " »

C'est Lipp encore que Thierry choisira pour prouver, jusqu'à la mi-octobre 1986, qu'il va bien, et occire la rumeur. Son ami François Diwo l'y rencontra. Le teint diaphane, le visage boursouflé par la cortisone, le cheveu plus rare, Thierry y faisait étalage du plan des pièces de son futur appartement, apportant un démenti formel à ceux qui affirmaient que ses jours étaient comptés.

Lipp toujours, où nous nous retrouverons, après une longue bouderie, quinze jours avant sa rentrée au Gymnase. Thierry ayant choisi, là encore, François Diwo pour raccommoder les pots cassés : « Allô, François, c'est Thierry. Dis donc, si on déjeunait ensemble ? Au fait, tu vois toujours Maboule, dis-lui de passer au café... et puis non, qu'il vienne pour le repas complet. Il a un gros appétit... »

Le jour dit, Thierry était ponctuel, en avance même; nous le fîmes attendre. Il avait donc quelque chose à demander. Je connaissais mon Le Luron par cœur. Notre séparation avait été rude. Huit bons mois durant lesquels il ne s'était pas privé de m'envoyer des vacheries par dizaines, tant dans la presse que sur les ondes. Une querelle, partie de rien, qui n'avait cessé d'enfler jusqu'à la démesure. En fait, il ne me pardonnait pas « Amuse-Gueule », une émission sur TF1 à laquelle je participais sans lui. Un crime de lèse-majesté.

« Bon, eh bien, mon gros Maboule, tu as du pain sur la planche... Tu dois m'écrire le Gymnase. J'ai les décors et la mise en scène, mais rien d'autre. Un texte de Lacroix et quelques répliques de Lassus. Un point c'est tout... »

Je n'en demandais pas plus. Le manque de temps, et l'absence de réflexion lui donnèrent, de l'avis de tous, son meilleur spectacle. Nous y reviendrons plus tard.

Janvier. Février. Mars 1974. Bruno Coquatrix le refusant à l'Olympia, il s'adressait à Jean-Michel Rouzières, l'heureux directeur du Théâtre des Variétés; un théâtre qui, sous la direction artistique de Jacques Provence, avait accueilli déjà Pierre Perret et Barbara. Thierry était prévu pour trente représentations : il fut affiché cent jours! Les théâtres lui ont porté chance. 1974 toujours, il rompt son contrat avec Paul Lederman, tout affairé à lancer Coluche, pour de bon, en ouvrant pour lui un caf'conc' rue de Berri. Thierry perdait pied, entamant une douce traversée du désert. Le public était là pourtant, mais plus aucun projet de radio ni de télévision; son dernier disque, *Thierry et les p'tits lapins,* sanctionnant l'échec. Il n'occupait plus autant de terrain qu'avant.

« Quand un terrain est libre, il est fatal que les autres s'empressent de l'occuper. On parlait de plus en plus de nouveaux imitateurs. La nouvelle génération des prodiges souhaitait enterrer l'ancêtre. Un ancien relatif : “ Je n'avais que vingt-trois ans... ”

« Phénomène de saturation aussi : on l'avait beaucoup vu, beaucoup entendu. Trop. Ses fastes commençaient à gêner une France qui pointait au chômage, sous l'emprise des premiers soubresauts de crise.

« J'entendais de plus en plus souvent cette réflexion déprimante : “ Mais au fait, que devenez-vous ? ”.

Hors show-business, Jean-Laurent Cochet lui tendit la main, lui proposant de faire (pour l'émission « Au théâtre ce soir ») *Chat en poche,* de Feydeau. Il lit la pièce et accepte. Pouvait-il faire autrement ? Cette prestation ne serait sans doute pas inutile, le jour où il voudrait monter une opérette ou une comédie musicale. La comédie musicale, son rêve secret. Il les vit toutes à New York et à Londres. Échafauda tous les projets, avec Francis Lopez, Frédéric Botton, Jean-Jacques Debout, Jean-Paul Dréau. Chanter encore et toujours. Ce qui, à une exception près, ne lui a jamais réussi vraiment. Il n'était pas un de ses spectacles où il ne fredonnait trois ou quatre titres, les retirant prudemment, sitôt le soir de la première.

Thierry rame, forçant le black-out médiatique imposé par Paul Lederman.

A Marseille, Serge Lama lui conseille de remonter sur la scène de ses débuts : le Don Camillo. La boucle, à cet instant, aurait pu être bouclée...

3.

NOTRE COLLABORATION

1er octobre 1975. AU DON CAMILLO.

Le ras-le-bol du critique de variétés existe, je l'ai rencontré. Un 1er octobre 1975. Fatigué de tirer à la ligne, dans les colonnes du *Quotidien de Paris* et des *Nouvelles Littéraires,* sur les éternels retours à l'Olympia d'Alain Barrière, Gilbert Bécaud et autres Annie Cordy, je décidai de m'offrir une soirée au cabaret. Comme ça, pour voir.

Il n'était pas une vedette, de Carmet à Aznavour, de Lama à Brel, de Galabru à Brassens, qui ne revendiquait alors ses débuts dans ces lieux magiques mais casse-gueule, antichambres du music-hall et du cinéma, grands oubliés des médias. Des lieux dont les proportions modestes favorisent le contact avec le public, et permettent ainsi à l'artiste de procéder à une sorte de longue répétition générale.

Après la « Tête de l'Art », fermée, en dépit d'une programmation de classe (on put, souvenez-vous, y applaudir Barbara, Fernand Raynaud, ou Jacques

Dutronc même, vêtu d'une soutane...), seul le Don Camillo, rue des Saints-Pères, résistait à la disparition des dîners-spectacles, affichant en ce mois d'octobre le tour de Thierry Le Luron, enfant prodigue de la maison. A la lecture de cette publicité dans *Pariscope,* je n'en crus pas mes yeux. Qu'est-ce que le petit Mozart de l'imitation venait faire dans pareille galère, poussant la note entre poire et fromage, face à deux cents paires d'yeux rougis par l'alcool et la fatigue ? Lui qui avait connu tous les triomphes, tant sur scène qu'à la télévision, toujours en cet instant au sommet du hit-parade des consciences françaises. La direction frimait sans doute, pour nous annoncer au dernier moment que Thierry, absent, devait honorer un gala en province... J'attendais, coincé entre deux représentants de commerce, son intervention avec impatience, mis en appétit, force est de le reconnaître, par une excellente première partie : Jean Raymond, inénarrable dans son sketch du touriste français aux prises avec sa méthode d'anglais rapide et Eva, une interprète à la voix profonde comme une lame océane.

Bonne nouvelle : Thierry était présent. Mauvaise nouvelle : je n'aimais guère et l'écrivis le lendemain, commettant inconsciemment un crime de lèse-majesté, celui-ci se relevant à peine, je l'appris plus tard, d'une tournée à bide en covedette avec Coluche.

« Sur les pas de Jean Valton », titrai-je.

« Un physique agréable, passe-partout, juvénile

et bien élevé, des airs satisfaits de garçon de bonne famille, de gendre idéal... Une aptitude à retrouver la voix des autres, un talent stupéfiant. Il n'en fallait pas plus pour que chaque spectateur français revendique la paternité de cet imitateur prodige.

« Après une fulgurante ascension, qui se concrétisa par des émissions de radio et de télévision bien à lui, de nombreux passages parisiens en vedette, Thierry " La Fronde " est de retour...

« Les cheveux ont singulièrement raccourci, mais le costume demeure aussi strict. Rien n'est bouleversé, ou presque. En effet si les sketches sont bien les mêmes, les années ne les ont pas bonifiés, au contraire.

« La sonorité n'est plus aussi juste, la photographie plus floue, perdant alors sur la précision du timbre, Le Luron cherche à gagner sur le reste.

« ... Une catastrophe. Il décuple les effets, force les personnages, pousse la caricature. Aujourd'hui, Julien Clerc bêle, Françoise Hardy hulule, Claude François grimace, Chaban lui-même a mué, Giscard et Mitterrand semblent imiter leurs imitateurs... »

L'article passa mal et me valut les foudres de l'artiste qui, purement et simplement, m'interdit de spectacle, me faisant même refouler, manu militari, du Chapiteau des Tuileries où il se produisit six mois plus tard.

Thierry avait décidé de louer ce chapiteau, au cœur même de la fête organisée par Yves Mourousi, le maître d'œuvre incontesté des opérations à grand spectacle, le seul à savoir mettre Paris en joie.

Il l'avait fait envers et contre tous, Paul Lederman s'étant violemment opposé à ce projet, criant au suicide, jouant déjà Coluche contre Thierry.

« L'opération comportait de gros risques, financiers d'abord. Il fallait louer assez cher le chapiteau de cinq mille places pour la soirée, payer les techniciens, l'orchestre des dix-huit musiciens de Jacques-François Juskowiak, l'affichage, la Sécurité sociale, les taxes, la Sacem... Et surtout les risques artistiques. Dans le climat morose qui m'enveloppait alors, à un moment où tout le monde estimait que j'étais sur la pente descendante, arriverais-je à me renouveler, et surtout à remplir ?... »

Tout ne commença pas pour le mieux. Après une bonne semaine de répétitions dans la salle sous l'Olympia, il fit sa mise au point aux Tuileries, en pleine canicule.

« L'enjeu était tellement grand, que je me sentais extrêmement nerveux, et pas au meilleur de ma forme. Le soir de la représentation, mon costume n'arriva qu'à 21 heures 5, au moment où j'aurais dû lever le rideau, si bien que j'arrivai sur place avec une demi-heure de retard. François de Santerre, du *Figaro*, écrivit que je n'imitais pas aussi bien les pendules que les vedettes du chant et de la politique. J'avais, pour arranger les choses, une extinction de voix.

« Arrivant en retard, donc d'une humeur de chien, j'envoyai promener tout le monde, et sans doute par masochisme, des coulisses, je hasardai un regard vers la salle. Elle était bourrée à ras bord. L'excitation des grands soirs faisait bruire le chapiteau, et en guise de lever de rideau, un gag imprévu déchaînait les photographes : tels des anciens combattants de la télé, Danielle Gilbert et Yves Mourousi, victimes tous deux d'accidents de la circulation, faisaient leur entrée, plâtrés, en s'appuyant sur des cannes. Je ne fus pas détendu pour autant. Bien au contraire. C'est en oubliant les paroles de ma chanson d'entrée, à cause du trac, que je me jetai à l'eau. Et le spectacle commença...

« Deux heures plus tard, comme il est d'usage en la circonstance, les amis que j'avais invités tambourinaient à la porte de ma loge. En vain, j'étais parti tout de suite après la représentation, pour me réfugier dans mon appartement. Les idées noires se bousculaient, je n'avais pas été assez bon. Je m'étais trompé à plusieurs reprises. Je n'avais pas senti la foule réagir comme je l'aurais voulu. Bref, c'était raté, je ne voulais voir personne... »

Thierry pourtant venait de gagner, en effectuant une fois encore un formidable rétablissement. La presse l'encensait. Jacqueline Cartier lui offrait la première page de *France-Soir,* et Norbert Lemaire, plume redoutée de *L'Aurore,* avait eu la révélation.

Aucun mot, et pour cause, dans *Le Quotidien de Paris.*

Enterré vivant par le métier, il ressuscitait de ses cendres, rompait définitivement avec Paul Lederman, tout occupé à lancer son poulain en salopette, et signait dans la foulée les fêtes de fin d'année à l'Olympia.

Achetant ma place, j'allais enfin pouvoir juger sur pièces, applaudir aux prouesses de Le Luron sur une scène de réputation mondiale, face au Tout-Paris : Manouche et la duchesse de Bedford, Guy et Marie-Hélène de Rotschild, le baron de Rédé, Ghislaine de Polignac, Enrico Macias, Dave, Marie Daems, Jean-Jacques Debout, Line Renaud, Alice Sapritch, Jacques Chazot... Des personnalités amies, mais qui, regroupées, inconsciemment, forment toujours une terrifiante machine de guerre propre à tout détruire, comme ça, pour briller.

Jean Lacroix et Patrick Font, ses auteurs, avaient renouvelé les textes, multipliant les trouvailles, les audaces, rendant sa confiance à un artiste métamorphosé, nous offrant là un récital désopilant de bout en bout, ouvert par le sosie d'Elizabeth II d'Angleterre, descendant du balcon au son du « God save the Queen ». Une fausse reine pour un vrai roi.

Rien que de très enthousiasmant. Du grand art portant l'imitation à ses sommets. Ce que je notai avec plaisir, le lendemain : « Thierry Le Luron : cruelles et tendres décalcomanies. »

« Potion magique ou rencontre bénéfique avec Merlin l'Enchanteur, on ne sait, mais, tel le Phénix, il renaquit hier au soir de ses cendres. Il existe aujourd'hui un mystère Le Luron. Aurait-il mis un Polaroïd dans son moteur ?

« Jamais déjà, imitateur ne fut tête d'affiche d'un grand music-hall, mais jamais aussi imitateur ne fut plus précis dans ses croquis, plus mordant dans ses portraits sur une distance aussi longue : une heure et demie seul en scène qui me parut une poignée de minutes.

« A la silhouette, aux gestes, à la sonorité près, il passe ses personnages en revue : ne manqueront ni un tic, ni un accent. Et ils sont là, bien présents, ridicules à souhait mais ô combien véridiques, osant enfin proclamer bien haut ce que nous aurions si souvent aimé les entendre dire, et chacun, de gauche comme de droite, et du Tout-Paris, d'en prendre pour ses galons.

« Plus de privilégiés, plus de protocole, plus de courbettes, chacun est retourné sur le gril avec cruauté, Giscard sort de la coulisse sur l'air de *La Panthère rose,* Marchais et Mitterrand vivent une " love story " frénétique, suivis de près par " Poniatowski, le premier loubard de la bande à Giscard ", Fourcade, Line Renaud, Moustaki, Béart, Lama, Adamo...

« Terriblement politique, voici Le Luron vendant *Charlie Hebdo* à la criée sur les contre-allées de l'avenue Foch. Mais comment lui en voudraient-ils, tous ces nantis, de son irrévérence, et qui dans cette salle n'attendait pas avec envie d'être malmené par ce petit diable ? Si Paris valait bien une messe, entrer dans le répertoire de Le Luron vaut bien une magistrale caricature... Un grand moment de music-hall, un regard salutaire, tonique, et joyeux. »

Le papier étonna Thierry qui l'avoua chez José Artur, au Pop Club : « La critique la plus dithyrambique est curieusement celle de Bernard Mabille, journaliste dit de gauche, qui m'avait totalement démoli six mois auparavant, tandis que je suis massacré par Dominique Jamet, journaliste de droite. Une surprise réconfortante... »

Il aimait déjà n'appartenir à personne.

Entré dans les bonnes grâces, je reçus quelques jours plus tard cet appel téléphonique : « Bonjour, c'est Le Luron. Je ne vous aime pas, vous non plus. Pourrions-nous nous rencontrer ?... »

Le ton n'était pas vindicatif, beaucoup moins en tout cas que lorsque celui-ci me traita, suite au compte rendu du Don Camillo, de « plumitif de base »... Nous décidions d'un rendez-vous en terrain neutre : la salle à manger de Jean-Pierre Mogui, journaliste politique au *Figaro*. Jean Rigaux, un ami commun, nous servirait de témoin. Nous avions en effet, Thierry et moi, une admiration sans bornes pour ce chansonnier. Il avait, bien avant Reiser et Coluche, fait exploser le langage du rire, en reculant toutes ses limites, abolissant tous tabous politiques et sexuels. Sur scène, Jean Rigaux pouvait tout dire, et disait tout. Quitte à faire rougir les premiers rangs !

Je retrouvai donc Thierry autour d'un pot-au-feu. Lui qui venait, d'après les échos, de se brouiller avec Alice Sapritch pour quelques kilos de caviar... Le bonhomme me plut d'entrée. Tellement différent de l'image sophistiquée, prétentieuse, hautaine, désagréable en un mot, que réfléchissaient chacune de ses interviews. Il était comme vous, comme moi. Aimant à bien manger et à bien boire. Ne parlant jamais de ses exploits scéniques, mais s'intéressant aux autres. Proche de sa famille, de sa Bretagne et de cette avenue d'Italie qu'il nous emmena visiter en fin de repas, se désespérant de ne plus reconnaître son quartier.

Thierry, c'était son but, m'avait conquis et me demandait, de plus, de lui écrire les nouvelles parodies d'un prochain Bobino. La naissance d'un septennat d'amitié.

« La critique mène à tout à condition d'en sortir... » Je méditais cette phrase qui me hantait face à la page blanche. Comment pouvait-on écrire des parodies ? Jean Lacroix par la suite me l'apprit, m'aidant même à achever certains travaux. J'avais acheté les disques à la mode, à tout hasard. Je dévorais la presse quotidienne à la recherche de matière brute. L'art de la parodie est plus délicat qu'il n'y paraît. Il faut respecter les sonorités originales, celles que chacun a encore dans l'oreille. Pour cela, je feuilletais mon premier dictionnaire de rimes. Un peu honteux.

Être interprété par une star surtout... je me devais de me surpasser. Je pensais à tous ces postulants auteurs, croisés au fil des spectacles, qui devaient se battre pour placer quelques lignes à des inconnus, souvent. Thierry souhaitait ma collaboration. Il me fallait saisir une telle opportunité, sans oublier de fondre variétés et politique. Gilles Vigneault, à l'époque, emplissait les radios avec une chanson franco-anglaise sautillante et gaie, un refrain intitulé : *I went to the market.* Ce sera mon premier cheval de bataille, avec Raymond Barre, déjà, pour point de mire.

Il went to the market mon p'tit panier sous
[mon bras,
I went to the market mon p'tit panier sous
[mon bras
Je m' dis tiens, je m'en vais faire mes achats.
Monsieur Barre nous l'a dit hier
Les prix fous ça n'existe pas.
J' voudrais ben des carottes, de la lotte, des
[avocats,
J' voudrais ben des côtelettes, des navets,
[des ananas,
Quoi! ça coûte tant de pèse. Mais vous vous
[foutez de moi!
Monsieur Barre nous l'a dit hier
Les prix fous ça n'existe pas
Viens ici donc mon Raymond
Viens ici faire tes achats
Viens ici donc mon Raymond
Viens ici et tu verras.
Il vint d' la rue de Varenne
Mais au Raymond on lui donna!
Ce que Monsieur Barre nous a pas dit hier,
C'est qu' pour lui l' coup d' barre on ne
[pratique pas.

Trois ou quatre parodies de la même eau complétaient ce galop d'essai. J'allai les déposer sous le paillasson de Thierry, vers les 3 heures du matin, pour ne pas avoir à les lui lire, sans demander mon reste. Seul Lipp, son chien-loup, remarqua ma présence, aboyant furieusement. J'apprendrais plus tard que son maître ne rentrait qu'aux aurores, bien plus tard.

Je ne revis Thierry qu'un an après; il avait entre-temps enregistré un 45-tours avec Pierre Desproges, une délirante *causerie au coin du feu,* écrit avec Guy Monréal un livre, *Comme trois pommes,* chez Flammarion; et renoué avec ses premières amours, pour un 33-tours, *Retrouvailles,* sur lequel figuraient les classiques qu'il admirait : *Qu'est-ce qu'on attend pour être heureux, Comme on change,* etc. Un album accueilli sans grand enthousiasme, dont l'échec le blessa profondément.

Thierry ne rêvait que d'une carrière de chanteur. Seule la chanson le passionnait et, pensait-il, lui permettait de tenir. C'est par la chanson que le public le découvrit, inscrit par sa maman à la fin de l'année 1969 au « Jeu de la Chance ». Un télécrochet très populaire qui raflait l'audience du « Télé-Dimanche » qu'animait Raymond Marcillac. Une sélection tout d'abord, où le destin d'un candidat se jouait en quelques secondes. Nanou Taddéi, ex-épouse de Johnny Stark, se posant en juge impitoyable. Thierry s'en souvenait.

« Une jeune fille, devant moi, ayant chanté faux la

chanson de Serge Lama, *C'est toujours comme ça la première fois,* Nanou lui lança : « C'est peut-être toujours comme ça la première fois, mais pour vous ce sera la dernière... »

L'art de détendre les débutants.

« La chance était là, à ma portée. Il me fallait à tout prix la saisir, mais je n'avais aucune prise sur elle, que ma voix et ma rage de vaincre. Comme on fuit en avant, j'entamai le grand air de la calomnie, du *Barbier de Séville.* A chaque seconde, j'attendais que Nanou Taddéi m'interrompe. Miraculeusement, j'arrivai au bout de la chanson... L'un des plus beaux souvenirs de ma vie est certainement ce télégramme m'invitant à me présenter au Studio 102, le dimanche 4 janvier 1970... La semaine précédant cette date, j'avais travaillé comme un forcené sur le vieux 78-tours d'Armand Mestral.

« Je me présentai au studio plus mort que vif. Le trio de Charly Oleg attaquait. L'ouverture, le rideau s'écartant sur cinq malheureux amateurs tremblotants. Jacques Martin, la vedette de l'émission, et Roger Lanzac, l'animateur, s'avancèrent vers moi :

– Qu'allez-vous chanter ?

– Le grand air de la calomnie du *Barbier de Séville.*

– Mais il faut une grosse voix pour cela !

– Eh bien, nous vous écoutons...

Huit semaines durant, je revins au " Jeu de la Chance ". »

En février 1978, je le retrouvai à Bobino, où il

répétait – parmi d'autres – mes textes, en évoluant dans un décor de Pierre Simonini représentant un flipper géant. L'Amérique encore.

A leur écoute, Luc Fournol, photographe à *Jours de France,* et Jacques Chazot avaient souri. Ouf! je venais d'obtenir mon visa pour entrer dans la bande et avoir le droit d'approcher, professionnellement, l'imitateur. Une sélection imparable et terriblement partiale. A partir de là, j'allais être surveillé, épié, dénoncé... et si, nouvel arrivé, je leur enlevais l'amitié de leur idole? Ne me sentant guère l'âme d'un bouffon, je les rassurai pleinement.

Au Thierry reconnu, drôle, mondain, exhibitionniste, en proie aux courtisans de tout poil, je préférais l'autre, plus fragile, plus angoissé. Le solitaire souvent malheureux sur lequel se refermait la porte de son hôtel particulier. Qui vous retenait tard la nuit, après l'extinction des feux de la rampe, sous de faux prétextes, pour vous parler, en tête à tête, de ses faiblesses, de ses faux pas. Peur d'avoir déçu ses parents, qu'il délaissait, physiquement absorbé par sa boulimie de travail, peur de ne pas durer aussi, tant il connaissait les difficultés et les ingratitudes du métier, peur de vieillir, enfin.

C'est ainsi, vers 5 ou 6 heures du matin, que nous décidâmes de bouleverser la formulation de ses récitals, nous apercevant que les tubes n'existaient plus. Les grandes chansons d'Aznavour, Bécaud, Montand, celles qui étaient ancrées dans la mémoire de la France, remontaient à dix ans, donnant alors un terrible coup de vieux à la moindre parodie.

Sillonnant la France, du nord au sud, nous avions constaté l'omniprésence des hommes politiques. Pas un village sans une affiche de Marchais, Mitterrand ou Giscard. Nous tenions là nos nouvelles vedettes, non pas le temps d'un sketch à la sauvette, mais mises en scène, dans leur vie de tous les jours... « Les parasites sur l'antenne » chaque samedi matin, sur France Inter, nous confortaient dans cette idée. Pour mener à bien son entreprise, Thierry s'était entouré de Pierre Desproges, Evelyne Grandjean, Laurence Riesner, Bernard Pillot et moi-même. Jouant à fond l'irrévérence envers le pouvoir. Une émission qui vaudra à Thierry le titre de « Persifleur nº 1 » dans *Le Canard enchaîné*. Un laissez-passer vers la gauche, qu'il ne manquera pas d'exhiber à tout instant. Sa lettre de cachet.

Desproges, Thierry et moi y allions de bon cœur.

Tirant tous azimuts, démolissant Giscard à force de bons mots. Il faut dire que l'actualité nous choyait. Les affaires succédaient aux affaires, les scandales aux scandales, un véritable bouquet qui s'achèvera en apothéose avec les diamants... Quelle aubaine!

A l'époque, Thierry n'a pas de concurrents réels. Seul Coluche, qui use sa salopette sur les bancs de Bobino, pointe son gros nez rouge. Mais Guy Bedos se cherche, se remettant mal de sa rupture avec

Sophie Daumier, Patrick Sébastien court de la Boulangerie des Tuileries à la Main au Panier. La place est libre, pour enfourcher le cheval de l'humour politique. Thierry la prendra sans plus jamais la rendre.

Émission en public et en direct, « Les parasites de l'antenne » me firent découvrir la faculté de Thierry à s'adapter à toutes les situations. Je le regardais descendre de son piédestal, se mettre à la portée de ses admirateurs. Je compris mieux son irrésistible succès. Il était différent des autres, et tellement semblable à eux. « Étranges sont les rapports de l'artiste avec ceux qui l'applaudissent. Ils tiennent de l'amour et de la haine, de l'idolâtrie au fétichisme... »

Que sont devenus les fans de Thierry ? Je pense tout particulièrement à cette mère et sa fille, des gens du nord de la France. Elles connaissaient par cœur son planning. Nous les rencontrions partout. De Chartres à Cannes, de Morlaix à Bayonne. La petite se prenait pour la fiancée officielle. La maman avait acheté le trousseau. Toutes deux le gavaient de chewing-gums, de caramels, de gâteaux maison, lui offraient des cadeaux, le photographiaient sous tous les angles. Je les ai bien vues cent fois au théâtre, au premier rang.

Françoise était tout aussi assidue. Elle venait le jeudi, tous les jeudis, et dévorait Thierry des yeux. Là encore, au premier rang de face. Nous lui avions fait croire que son idole se passionnait pour les femmes en porte-jarretelles... Chaque jeudi, elle exhibait, avec gourmandise, le haut de ses cuisses et ses soieries. Thierry n'y a jamais rien compris.

« Les parasites sur l'antenne » me firent découvrir le vrai Thierry, le cœur en smoking, mais la tête en jeans. Nous pouvions tout dire, jamais il ne nous a demandé de gommer le moindre mot. Tout était permis, surtout de passer les bornes. Il découvrait nos textes à l'antenne. Un jour, parce que nous enquêtions à notre manière sur la fille aînée de Giscard, qui faisait la une de *France Dimanche,* Thierry est prié par la direction de se séparer de moi. « Si Maboule quitte l'émission, je démissionne sur-le-champ... » La fraternité à l'état pur. Il savait imposer ses collaborateurs envers et contre tous. L'amitié était sa vertu première. C'est de France Inter que partit la grande aventure.

Il signe pour deux cents représentations au Théâtre Marigny. Le risque paraît énorme, le cœur de ce lieu élégant et luxueux, cher à Elvire Popesco et Robert Manuel, bat en effet depuis toujours pour la comédie. André Roussin et Georges Feydeau lui portent bonheur. On y a monté *La Mama, La main passe, La Locomotive, La Puce à l'oreille*... Marigny séduit Thierry. La proximité de l'Élysée l'excite.

« Tu te rends compte. Le Président passera tous les jours devant mes affiches... Quel pied de nez! » Il en jouera, faisant dire tour à tour à Giscard :

« Je suis venu en voisin, je n'ai eu que la rue à traverser... »

Ou, plus tard, imitant de Gaulle :

« Je peux vous assurer qu'on se marre plus ici qu'en face... »

Marigny devenait sa dernière audace, son nouveau pari. Après tout, pourquoi se serait-il gêné ? Tout lui souriait, comme avant, plus qu'avant même.

En haut lieu on s'affole. François Polge de Combret, l'ancien secrétaire général de l'Élysée, téléphone à Régine : « Qu'est-ce qu'il a, il est devenu fou, ton Luron, ou quoi ? »

Pierre Wiehn et Jean Chouquet, peu rancuniers, lui confièrent une émission quotidienne sur France Inter, à midi, heure de grande écoute. Avec la même équipe.

Dans le même temps, il dénichait un appartement à sa mesure, 160 mètres carrés au faîte d'un immeuble de l'avenue Montaigne. Une vue à 360 degrés sur la capitale. Deux années de travaux l'y attendaient, conduits par Jean-Michel Willmotte, l'architecte des émirats.

« Je le veux contemporain, clean, blanc... avec du marbre, des miroirs et du chêne cérusé. »

Un deux-pièces glacial et impersonnel, qui lui vaudra cette réflexion de Chazot :

« Pas mal, ton salon. Il ne manque plus que les séchoirs et la manucure... »

De là, Thierry met Paris à ses pieds, contemple la file d'attente qui s'allonge à la caisse Marigny, et tutoie Dieu.

La presse politique s'intéresse à ses facéties, le « Grand Jury RTL-*Le Monde* », l'invitant même un

1er avril. La critique de music-hall le soutient. La France se précipite. Pas un bureau, pas un restaurant où l'on ne vous parle du spectacle. Surpris d'abord par tant de vacheries à l'encontre du Président en place, les spectateurs vont en redemander ensuite, le forçant à la surenchère, au fil de la dégringolade de la cote de popularité de Giscard dans les sondages :

« Quand je l'attaquais, les premières réactions étaient mitigées, défavorables même. Le public ne comprenait pas, trouvant cela dur et injuste. Et puis, les mouvements d'humeur se transformèrent en triomphe. Je prévoyais alors sa chute... »

Selon *Le Nouvel Obs* :

« Les amis de Le Pen sont au poulailler. Les notabilités barristes en bajoues et triple menton sont embusquées dans les loges, tandis que les chiraquiens somnolent à l'orchestre, en attendant que l'on casse du Président. »

Ici on vient comme à guignol. Sitôt les trois coups on tape dans ses mains, on trépigne aux malheurs de cette classe privilégiée. Le public de Coluche riait, celui de Thierry manifeste... s'emballant aux déboires de Giscard, comme il le fera deux ans plus tard à ceux de Mitterrand. Les Français auraient-ils la mémoire courte ?

Mais à Marigny les artistes aussi sont malmenés, les copains trinquent.

Certains comme Guy Béart ou Jean Ferrat grincent des dents, les autres s'amusent, à leurs dépens.

Les thèmes de ses nouvelles parodies ne traitent plus aujourd'hui de sujets divers, amour, pollution, circulation... mais au contraire de l'artiste lui-même. Une « autocritique » en quelque sorte, toujours outrancière, parfois blessante. Une rançon d'une gloire cher payée.

Sans le fair-play de ses condisciples, Thierry n'aurait jamais inscrit ses plus belles lettres de noblesse. Comment en effet penser que Zizi Jeanmaire n'ait pas souffert à l'écoute de *Mon truc s' déplume,* une bluette que Thierry interprétait, un plumeau tricolore à la main :

Mon truc s' déplume
Dès l' troisième rang y' a plus d' clients
Mon truc s' déplume
Rien qu'en l' voyant tout le monde fout l' camp
Mon truc s' déplume
A trop les s'couer depuis des années
Elles sont tombées...
Plus d' Bobino, plus d' Casino, c'est Waterloo!

Line Renaud, encore, qui l'avait vu débuter, et lui portait une affection toute naturelle :

Combien pour me refaire la vitrine
Ma jolie p'tite gueule de vingt ans
Combien pour me refaire la vitrine
La devanture et le ravalement

Faudrait m' redresser la carrosserie,
Car com' dit mon Loulou d' mari,
Pour une Renaud aussi usagée,
On ne retrouve plus les pièces détachées...

Docteur je voudrais une révision sévère,
La dernière remonte avant la guerre,
Comment docteur... qu'est-ce que vous dites?
J' m'y prends trop tard...
Alors faites-moi l'échange standard...

Des portraits brossés à la hâte, car Thierry travaillait toujours au dernier moment, plus intéressé par la mise en place de ses vingt-cinq musiciens, la mise en scène du récital et ses essayages chez Charvet. Pour les décors de Simonini et les textes de Lacroix, Démeron et moi-même, il avançait en confiance. Combien de fois sommes-nous partis pour écrire à la campagne, nous retrouvant rigolards à Cannes ou à Marrakech... Combien de fois il m'a dit : « Maboule. Demain chez toi à 8 heures. Séminaire de boulot. J'ai loué une villa à Saint-Tropez. Nous y allons tous les deux, une bonne quinzaine de jours. En remontant, tout le spectacle sera dans un cahier. J'aurai le temps d'apprendre... »

Vers 11 heures, la Rolls quittait Paris. « Dis donc, on passe juste à côté, tu ne veux pas que l'on s'arrête chez Lorain, " A la Côte Saint-Jacques ". Il y sert un dos de saumon sauvage en vessie... Tu m'en diras des nouvelles. »

Le soir, Bocuse nous recevait, le lendemain nous faisions halte chez Pic, à Valence. Car en aucun cas nous ne pouvions rater son « Menu Rabelais... ».

Trois bons jours après nous atteignions Saint-Tropez, essuyant les remarques désobligeantes de la trentaine de personnes qui avaient déjà pris possession des lieux. Thierry les ayant priées avant notre départ... Piscine, repas pantagruéliques, fêtes jusqu'au petit matin, nous éloignaient de notre sujet. Nous rentrions harassés, le cahier désespérément vide. Après tout, cela nous importait peu. A force de collaborer avec lui je m'étais aperçu qu'il changeait d'idée jusqu'au tout dernier moment. Détruisant et reconstruisant aussitôt l'instinct de la scène.

Déjà une nouvelle idée lui trottait dans la tête. Patrick Sébastien triomphant à Paris et en province, il devait faire mieux. Aller plus loin, toujours plus loin... être le premier imitateur à bourrer le Palais des Congrès. Je fus du projet. Thierry, qui s'était forgé une image de chansonnier moderne, voulait de nouveau tout remettre en question. Surprendre, encore.

Au Palais des Congrès, il chanterait au milieu d'éléphants, de girafes, de cracheurs de feu, dans une mise en scène de Jérôme Savary. Gilbert et Maritie Carpentier, qui lui avaient donné ses plus grands shows télévisés, le confortent dans cette idée. A tort, semble-t-il.

Jean-Jacques Debout bâcle quelques refrains à l'eau de rose, ceux sans doute refusés par son épouse. Roland Hubert, son producteur, engage des girls d'un mètre quatre-vingts et deux bataillons de majorettes. Broadway made in Argenteuil...

Le titre est choisi : *Thierry Féeries.*

Bonjour la guimauve, et la revue aseptisée, démodée!

Lâchement sans doute, je quitte le navire sur lequel Thierry va s'embarquer. Je retire mes textes qui ne correspondaient plus à rien. Nouvelle brouille. Malgré son succès commercial, le Palais des Congrès blesse l'amour-propre de Thierry. Il ne peut pas en contrôler la démesure. La presse l'éreinte. Le public ne comprend pas. Le bouche à oreille est négatif. Il se défend :

« Un milliard quarante millions de centimes de recettes en remplissant pendant quarante jours le Palais des Congrès, pour un bide! Vous repasserez. Voilà pour une mise au point, qui ne serait pas complète si je n'ajoutais pas que je suis d'accord. Le spectacle n'était pas bon. Si j'avais moi-même écrit les critiques, j'aurais tapé dix fois plus fort que les journalistes. Cela dit, si le spectacle a été détestable, c'est qu'il me dépassait, j'ai dû subir, entre autres choses, un chef d'orchestre ivre du matin au soir, et des chansons de Jean-Jacques Debout, qui, il le reconnaîtra sûrement, a raclé ses fonds de tiroir pour me livrer ses textes, quinze jours avant le spectacle... et je ne parle pas des interdits. Interdiction formelle de ma production, de mettre en boîte le pape et le général de Gaulle...

L'échec moral lui reste en travers de la gorge. A cet instant, Thierry en veut à la terre entière, et surtout à moi-même, déversant sa bile dans les quotidiens. J'y apprends ainsi que j'aurais soudoyé mes anciens collègues critiques pour le descendre... une drôle d'embrouille qui réjouit les chroniqueurs, et les auditeurs de France Inter, Thierry animant « Thierry aux éclats » sur le coup de midi, et moi, « Les Surdoués » à 14 heures. Il balançait à l'heure de l'apéritif, je lui répondais au café, en invitant des personnalités contre lesquelles il était en guerre, ou Patrick Sébastien, encore... Nous prenions bien entendu le soin de nous éviter, dans les couloirs ainsi qu'aux réunions de programmation. C'est durant cette période que naquit la voix de Glandu, empruntée à l'imitation de Jean Nohain, un peu plus rauque et métallique. Un de ces vieux ronchons, comme les avaient imaginés avant lui Francis Blanche et Jacques Martin. Il n'intervenait qu'en « guest star », le temps d'un canular téléphonique.

Thierry semblait toujours très fâché, refusant même la médiation de Jacques Collard, qui avait proposé un souper au Wall Street. L'armistice ne fut signé qu'en décembre 1981.

Du Télé-Bar, où je prenais un café, j'avais vu arrriver Thierry, au volant de son coupé Mercedes. J'attendis dix bonnes minutes, par précaution. Redoutant ses colères, et ses coups de gueule publics. Il m'attendait au bas de l'ascenseur. Un hasard, sans doute : « Salut, Maboule, alors toujours de gauche, on est allé présenter le Congrès de Valence... J'ai appris cela... » « Et toi. Tu n'as pas fait ta valise du côté des USA... les communistes sont pourtant au pouvoir... tu n'as pas fui vers une société plus “ permissive ”... » Il adorait ce néologisme. « Je crois, me dit-il, que je n'ai jamais gagné autant d'argent que depuis l'arrivée de Mitterrand... finalement je l'apprécie! Au fait, à l'approche de Noël, que dirais-tu d'une trêve des confiseurs?... » « Pourquoi pas? » Retrouver Thierry me réjouissait. Il faisait danser la vie.

Le soir, à la table d'un Jacques Collard revigoré, Thierry en vient à ses projets : « J'ai signé le show du 31 décembre sur Antenne 2. Deux heures de direct. Jean-Paul Dréau – tu sais, Dréau : " J' veux d' la tendresse " pour Elton John –, Dréau m'a composé les chansons. Restent les textes... dommage que tu sois pris... c'est pour dans huit jours. On se voit demain dans l'après-midi, nous en discutons... tu n'es pas obligé d'accepter. » Après une nuit fort arrosée au Palace, et un petit matin déglingué chez Gérald Nanty, je rejoignais Thierry dans l'appartement de Jean-Christian Mélia, avenue Montaigne. Il le squattait pendant la durée des travaux du sien. Surveillant les opérations du balcon d'en face.

Thierry s'entretenait avec Jean Poiret d'un film à sketches dont il avait eu l'idée, *Les aventures d'un lit à travers le temps,* et dont il serait la vedette.

En l'attendant, je feuilletais le synopsis de l'émission de fin d'année, cinq feuillets envoyés à la presse début novembre : « Les textes seront écrits par Bernard Mabille, avec lequel j'ai renoué pour la circonstance... » Il m'avait eu.

L'émission fut bien accueillie, et permit à Michel Leeb, invité à imiter Guy Lux, de trouver sa vraie dimension.

Le film avec Jean Poiret ne fut jamais tourné. D'autres ébauches plus tard avec Christian Fechner et Claude Berri avortèrent, achoppant sur le rôle principal. Comment imaginer Thierry dans la peau d'un flic, d'un loubard, ces clichés qui remplissent les salles ? Il était trop propre, trop lisse, trop sain.

Le monde du cinéma allait cependant lui porter chance.

Collaborant alors aux dialogues de la Nuit des Césars – eh oui, aussi curieux qu'il y paraît, des auteurs ne se penchent sur des sketches de présentation que par négligence, amateurisme, les acteurs français défont sur place... –, Georges Cravenne trouve l'idée amusante de confier à Thierry une tranche de présentation.

Paul Giannoli, Maurice Bessy, Robert Enrico, Jean-Claude Brialy, Pierre Tchernia, conviés à ses déjeuners préparatoires, entérinent la proposition, et le loup entre dans la bergerie... pour cette première cérémonie de remise des Césars présidée par un ministre de la Culture de gauche, Jack Lang, première grande émission populaire, toute en direct, depuis la prise du pouvoir par Mitterrand.

Georges Cravenne, qui ne se connaît pas d'ennemis, n'y va d'ailleurs pas de main morte. On y verra Mitterrand longuement, saisissant le prétexte d'une remise de Légion d'honneur à Orson Welles, et l'on soulignera le retour de Roger Hanin, parrain de l'un des prix. Ce soir-là, les Césars navigueront à gauche toute !

La cérémonie commence, pareille aux précédentes : ampoulée, ennuyeuse, traînante. Robert Enrico ne lâche plus le micro, il tient là son moment de gloire annuelle. L'huissier, maladroitement, n'en finit pas d'égrener les points du règlement. Seule, Annie Cordy, en Charlie Chaplin, tirera son épingle du jeu, apportant sa bonne humeur.

Mitterrand, toujours et encore, monopolise l'antenne. Gros plan sur Lang et Hanin satisfaits. Le socialisme redondant et victorieux.

En coulisse, nous achevions le sketch que nous n'avions pas voulu répéter l'après-midi, redoutant une quelconque censure. Jean-Pierre Aumont annonce Thierry avec beaucoup d'élégance. C'est « Mitterrand » qui entre, face à Yves Montand, Gérard Depardieu, Catherine Deneuve, Patrick Dewaere, Christine Gouze-Ré et le Tout-Cinéma.

Babines retroussées, paupières agitées, Thierry sort un papier de sa poche et le lit :

« Bonsoir,

« Monsieur le Ministre, chers acteurs, chères actrices, chers réalisateurs, chères réalisatrices, chers techniciens, chères techniciennes, chère belle-sœur, cher beau-frère... (Sourires coincés de Lang, et de Roger Hanin. Éclat de rire de la salle.) **J'espère que je n'ai oublié personne. J'ai été élu démocratiquement le 10 mai, de par Dieu et devers les Français. Auparavant je n'ai jamais perdu mon temps qui**

s'ignorait à l'époque. Vous voyez la tournure que ça va prendre.

« Le cinéma, j'adore le cinéma. Voyez-vous, mes bien chers frères, en ce troisième dimanche... Qu'est-ce que je raconte ! Le cinéma ça me connaît, aussi est-il normal que je sois là ce soir devant vous. N'ai-je pas été après tout le fabuleux réalisateur de *The Rose*, n'aurais-je pas pu être aussi aux côtés de Gabin et de Fresnay dans *La Grande Illusion*? Ne suis-je pas enfin l'un des héros de *La Folle Histoire du monde*? (Applaudissements). Que fais-je ici? Certains disent que les Césars ne sont fréquentés que par des gens riches et célèbres. Il n'y en aura bientôt plus. C'est vrai, c'est vrai. (Applaudissements.) C'est une espèce en voie de disparition, chassée par Laurent Fabius, le célèbre héros de *Prends l'oseille et tire-toi.* (Applaudissements).

« Depuis *Le coup de Torchon* du 10 mai, j'ai mis *Les uns et les autres* en *Garde à vue* et, croyez-moi, il n'y aura pas de *Grand Pardon* ni pour les *Aventuriers de l'arche perdue* de l'UDF, ni pour les *Têtes à claques* du RPR qui prétendent que mes réformes vont coûter *Mille milliards de dollars.* (Applaudissements.)

« J'aime le cinéma, je me suis d'ailleurs entouré d'acteurs célèbres, qui tournent ou ont tourné : Claude Cheysson : *Tais-toi quand tu parles;* Gaston Defferre : *Main basse sur la ville;* Michel Rocard : *Nous nous sommes tant aimés;* Charles Fiterman : *Espion, lève-toi;* Édith Cresson : *La Chèvre;* Charles Hernu : *Les Bidasses en folie;* Michel Jobert :

Little Big Man; **Yvette Roudy :** ***Les hommes préfèrent les grosses;*** **Pierre Mauroy :** ***Un éléphant ça trompe énormément.*** (Tonnerre d'applaudissements.)

« A la fin de mon septennat, vous ne serez peut-être pas *Tout feu, tout flamme.* C'est une péripétie de l'histoire qui dira plus tard *Autant en emporte le vent...* »

Un réel triomphe, qui met en joie la salle et énerve George Cravenne et Robert Enrico. Ils passeront de table en table, le soir au Fouquet's, pour assurer qu'ils ont été piégés, se cherchant des excuses.

Après tout, en l'invitant, n'avaient-ils pas eux-mêmes dégoupillé la grenade, bien qu'il n'y ait plus là, à la lecture, de quoi fouetter un chat ? Autre grand blessé de la soirée, François Chalais, qui attaquera Thierry en diffamation pour un sketch, fort discutable il est vrai. Chalais obtiendra gain de cause.

« Grâce à Cravenne, qui ne l'a sans doute pas fait exprès, je suis assez fier d'avoir été le premier artiste à se moquer, à la télévision, du gouvernement depuis le 10 mai. Je n'ai pas besoin de la Haute Autorité pour m'apprendre l'objectivité. Mon maître, ma Haute Autorité à moi, c'est le rire... »

Dans la rue, des anonymes le remercient d'une telle bouffée d'oxygène, des lettres l'encouragent à poursuivre dans cette voie, il devient le porte-parole de la minorité silencieuse, entrant pour de bon, aux yeux du public, dans l'opposition. Ces cinq minutes avaient porté plus que tous les longs discours. Thierry, de ce pas, part en croisade contre la rose, et son jardinier, tandis que Giscard tente les premières approches en direction de l'avenue Montaigne. Vous avez dit rancune ?

A l'unisson, les médias oublient leur enfant chéri. Une mise en quarantaine absolue. Seuls Jacques Abergel et Philippe Gildas l'appellent, en un grand élan libertaire. Europe 1 était alors la station de toutes les audaces; n'avait-elle pas ouvert son antenne à Coluche ? Gildas propose une émission quotidienne, le matin à 11 heures, et Jacques Abergel l'assure d'un gros soutien publicitaire pour le prochain théâtre Marigny.

Thierry impose son ami François Diwo, au placard depuis le 10 mai 1981.

Début octobre, nous entamons « Les lurons d'Europe 1 », Thierry, Diwo et moi-même. La formule demeure la même que sur Inter : des parodies en direct, des interviews fausses, des canulars téléphoniques, des jeux et un feuilleton volontairement débile, intitulé « Dalidallas » : le feuilleton qui délasse. Une large saga narrant les mésaventures de la famille Shocking, dont les héros étaient Sapritch et Zitrone. Un bric-à-brac de bruitages, musiques et textes lus en direct, par nous-mêmes et notre invité vedette. Tous sont venus défiler au micro, de Hallyday à Gainsbourg, de Poivre d'Arvor à Jean-Claude Bourret, d'Anémone à Michel Blanc. Une tranche des plus spontanées, puisque improvisée, ou presque, que Thierry découvrait en même temps que l'auditeur, n'arrivant en studio qu'à 11 heures et 3 minutes!

Ainsi, nous fûmes les derniers à recevoir Louis de Funès. Il venait promotionner *Le gendarme et les gendarmettes*, avec Michel Galabru, Maurice Rish, et Babette Hallyday.

Pour la circonstance nous arborions de magnifiques uniformes. Comment, alors, l'homme le plus payé du cinéma français, le plus populaire donc le plus exigeant, allait-il réagir à nos plaisanteries de potaches ? Allait-il, de bonne grâce, tenir son rôle dans notre fresque, comme l'avaient précédemment fait Claudia Cardinale, Michel Sardou, Jean Poiret, Michel Serrault, Alain Delon, Raymond Devos, Jean Piat, Jean-Pierre Elkabbach... ou rechigner à s'exécuter, nous prendre de haut, comme Gérard Jugnot, Jean Yanne, Sophie Marceau, Léon Zitrone... avant lui. Non seulement Louis de Funès le lisait, mais il le jouait en plus, en en rajoutant même. Il tenait pourtant là son scénario le plus médiocre.

Après un générique grandiloquent, nous nous jetions à l'eau.

Dalidallas, le feuilleton qui délasse. Waouh! Quelle classe!

« Aujourd'hui mesdames, messieurs et chers z'auditeurs, les Shocking ont retrouvé leur ferme souriante (bruit de marteau-piqueur et klaxons), leurs poulets (beuglements), leurs endives (extrait d'une chanson de Françoise Hardy), leur belle mare (phrase de Pierre Bellemare : Merci, mille fois merci!). Suivons-les, une fois encore, tout au long

Maurice Chevalier, l'exemple. Enfant du peuple il a séduit la France jusqu'à son dernier souffle. C'est pour lui rendre hommage que Thierry loua le Carnegie Hall de New York, fêtant ainsi ses quinze ans de succès ininterrompu. *(Ph. Latreille/Gamma.)*

24 février 1972. Thierry triomphe à Bobino, le music-hall du rire, et entraîne toute sa famille sur les chemins de la gloire. Il leur devait bien cela, c'est sa maman qui, en cachette, l'inscrivit au Jeu de la Chance de Télé Dimanche, une émission présentée par Jacques Martin et Raymond Marcillac.
(Ph. Deutsch/Paris-Match.)

Les seules salles vides que Thierry connut. Deux heures avant la représentation...
(Ph. Deutsch/Paris-Match.)

La revue de presse quotidienne, chez Lipp avec Roger Cazes. C'est là que Thierry essayait ses bons mots. Il aimait y voir et y être vu. *(Ph. Auger/Paris-Match.)*

Alice Sapritch, son amie et souffre-douleur : « Avec Shakespeare, chéri, chéri, j'ai pas pu éviter le four, et avec Jex Four j'ai pas évité le pire... » Que devient-elle depuis qu'il ne l'imite plus ? *(Ph. Auger/Paris-Match.)*

« Les Parasites sur l'antenne de France-Inter ». On reconnaît Lawrence Riesner, Pierre Desproges, Bernard Pilot et moi-même. Invités d'honneur ce matin-là, Jacques Chazot et Line Renaud. Une heure d'irrévérence. Un gigantesque pied de nez envers ceux qui nous gouvernent. *(Ph. Auger/Paris-Match.)*

Carlos, Jean Yanne, Alain Delon, Darry Cowl, Jean Lefebvre, Philippe Bouvard et Thierry pour le énienne mariage de leur copain Barclay. La fête, toujours la fête. *(Ph. Le Tac/Paris-Match.)*

Raymond Barre : « Oui Barre biche, quand il voit le nombre croissant de Français que Barre botte. Le phénomène Barre repose sur son propre fondement. Et il est bien assis, croyez-moi ! »
(Ph. Bruchet/Paris-Match.)

Jacques Chirac : « Je le rappelle, à cet égard c'est fondamental, le RPR est le Rassemblement Pour Rigoler ! »
(Ph. Auger/Paris-Match.)

En place pour le jeu de massacre... *(Ph. Deutsch/Paris-Match.)*

Mitterrand : « C'est vrai, c'est vrai. Mon programme politique se résume en quelques mots : bla, bla bla, bla bla, bla... » *(Ph. Auger/Paris-Match.)*

Giscard d'Estaing : « Avec une femme qui se prénomme Anémone et une fille Jacinthe, je ne comprends toujours pas pourquoi j'ai manqué de pot ! » *(Ph. Garofalo/Paris-Match.)*

Glandu, Adolf Glandu, avec pour second prénom Benito, comme le démocrate italien. Pétainiste sous Pétain, Mendésiste sous Mendès, Gaulliste sous de Gaulle, socialiste comme Mitterrand du 9 au 10 mai 1981... Le concierge le plus célèbre de France a déchaîné les passions. Les sujets de mécontentement ne lui manqueraient pas aujourd'hui.
(Ph. Auger/Paris-Match.)

de cette histoire, sans histoires, cette intrigue molle et ventripotente (tous les mots se terminant en “ tente ” étaient ponctués d’une exclamation de Jacques Chazot : “ Taratata! ”)... »

[Nous élevions déjà d’un cran le niveau de la culture française. Rien ne nous arrêtait, et force est de reconnaître, sans modestie, que les auditeurs se régalaient. Leur courrier et les sondages faisant foi.]

Mais poursuivons, si vous le voulez bien, ce suspense insoutenable :

***Alice Sapritch* (Thierry Le Luron) : Comme ça fait du bien de se retrouver chez soi, de s’étirer** (bruits de ressorts), **d’enfiler ses chaussons** (bruits de ventouse)...

***Tobby* (François Diwo) : Le plaisir de renifler la soupe aux choux, le bouillon fait maison avec ses yeux...**

***Dalida* (Thierry Le Luron) : Mes yeux, mes yeux! mais qu’est-ce qu’ils ont, mes yeux? Foutez-moi la paix!**

***Récitant* (Bernard Mabille) : Et la vie reprend son train** (sirènes de bateau), **tantôt express, tantôt omnibus.**

***Georges Guétary* (Thierry Le Luron) : Oh, oh! on m’appelle Robin des Bois, oh oh! et la foule répond oh, oh! Quelle joie immense de vous revoir, j’ai la moumoute toute hérissée** (bruit d’explosion de pétards)... **il y a une grande nouvelle.**

***Tobby* (François Diwo) : Parle vite, tu nous tentes** (Chazot).

Récitant (Bernard Mabille) : Et Georges commence à raconter, raconter...

Alice Sapritch (Thierry Le Luron) : Alors comme ça, mon georgeounet chéri, chéri, nous avons de nouveaux gendarmes. Et il paraît qu'ils sont terribles (générique du gendarme de Saint-Tropez). Cette musique me dit quelque chose.

Tobby (François Diwo) : Ils sont terribles. Tu veux dire que pour un oui, pour un non, ils se gendarment (rires enregistrés).

Récitant (Bernard Mabille) : Mais écoutez, écoutez (moteurs), ne serait-ce pas la camionnette de la gendarmerie? Un petit homme en descend (bruit de chute)...

Alice Sapritch (Thierry Le Luron) : Tiens on sonne à la porte (bruits de coups de hache), voilà, c'est un inconnu, chéri, chéri. C'est un nerveux (bruit de tronçonneuse). Eh bien, gendarme, vous êtes pour la défonce du citoyen!

Louis de Funès : Gendarme Cruchot! c'est à vous, la grosse.

Alice Sapritch (Thierry Le Luron) : Cruchonnounet, chéri, chéri. Ayez le respect d'une vieille dame, ne m'appelez pas la grosse!

Louis de Funès : Alors là, clac! vous cherchez à m'énerver. Moi je vous le dis, ne m'énervez pas! ne m'énervez pas! Et regardez-moi, là! non pas là! là! dans les yeux...

Dalida (Thierry Le Luron) : Mes yeux, mes yeux, mais qu'est-ce qu'ils ont encore, mes yeux?...

Louis de Funès : Toi, la gitane, fous-moi la paix ou je te boucle. Clac! voilà, et regarde-moi dans les yeux, là. Oui, ça va être dur, elle ne les a pas achetés à la même boutique. Ne m'énervez pas! (il pique une grosse colère). Bon alors, où en étais-je? Ah oui! c'est à vous, la grosse?

Alice Sapritch (Thierry Le Luron) : Gendarmounet, un peu de respect avec moi. Chéri, chéri...

Louis de Funès : La grosse machine! dans la cour. Elle n'a pas de vignette. Vous savez combien ça coûte... vous l'aurez dans l' baigneur, le petit baigneur...

Alice Sapritch (Thierry Le Luron) : Sachez, brigadierounet, que mon petit baigneur n'est à personne! Nous sommes partis, chéri, chéri en grande vadrouille...

Louis de Funès : Non mais, alors ça, alors ça, c'est la meilleure. On me prend pour un corniaud, on veut semer la zizanie... On se prend comme ça des grandes vacances, vous ne bougez pas! non, pas vous, vous! Vos papiers...

Récitant (Bernard Mabille) : Un bruit de moto vient réconforter Alice. C'est Johnny, le télégraphiste qui, pressé, passe directement par la baie vitrée (bruit de casse).

Johnny Hallyday (Thierry Le Luron) : Salut, les poteaux! Je suis encore plus P et T qu'hier, et moins P et T que demain. Je suis seul, désespérément seul. On m'a piqué ma môme, waouh! ma copine, yeh, yeh! et je jaunis à l'idée (rires en boucle), à l'idée de ne pas la récupérer.

Louis de Funès : Cachez-moi, Alice! ma belle, ma biche, mon cœur, mon roudoudou, cachez-moi, ma belle Alice, et je vous ferai sauter...

Alice Sapritch (Thierry Le Luron) : Chose promise, chose due, gendarmounet...

Louis de Funès : ... sauter les P.V. Ma biche... je vous ferai pouic, pouic! et pour cela je mérite l'oscar.

Tobby (François Diwo) : Et dis-nous, Johnny, comment était le kidnappeur de ta fiancée?

Johnny Hallyday (Thierry Le Luron) : Petit, rabougri. Si je le trouve, je vais lui P et T la tête. Aïe! Y a-t-il quelqu'un ici qui veuille m'aimer (bruits de baisers), qui veuille pépé aussi (rires forcés)? Je ne pourrai plus jouer avec elle à la petite babette qui monte. Il faut qu' j'y aille, comme le disait Elvis, chez les gendarmes. Waouh! Yeh!

Alice Sapritch (Thierry Le Luron) : J' pourrai toujours jouer la cousine Babette, chéri, chéri.

Johnny Hallyday (Thierry Le Luron) : Waouh! Vise un peu ça, c'est un képi. Et sous ce képi, qu'est-ce qu'il y a? Un gendarme...

Récitant (Bernard Mabille) : Et le télégraphiste commence à le secouer comme un prunier (bruits de ressorts), à le claquer (bruits divers)...

Louis de Funès : Ah! le gentil garçon, sympathique et doux, doux comme un agneau, béeh, béeh, béeh! au contraire des brutes ravageuses, des biceps partout, là, là, là! plaf! Votre Babette, je sais où elle est... mon bon ami. C'est Gerber, l'un des gendarmes de Saint-Tropez, qui l'a enlevée, clac! paf! Elle est dans toutes les bonnes salles...

Johnny Hallyday (Thierry Le Luron) : Waouh! je vais lui casser la gueule. Pour Babette, Johnny s'en va-t'en guerre (explosions).

Louis de Funès : (rires sarcastiques)... **demain le gendarme Cruchot se marie** (rires sarcastiques). **Pas mal, Cruchot, pas mal. Vous pourriez être général.**

De Gaulle **(Thierry Le Luron) : Faut pas rêver!**

Récitant **(Bernard Mabille) : Le gendarme Cruchot mettra-t-il enfin un PV à la grosse machine d'Alice, ou préférera-t-il lui faire pouic, pouic?... vous le saurez demain en écoutant la suite de « Dalidallas », le feuilleton qui délasse...**

Nous n'avions rien à envier à « Cocoricocoboy ».

Le second morceau de bravoure de cette émission quotidienne était « La folle interview de Jean-Pierre Fracasse... » Un clin d'œil à Jean-Pierre Farkas qui m'avait jeté de France Inter. Cette idée, de le faire passer pour un imbécile, ne déplaisait pas à Thierry. « Fracasse » traitant essentiellement de politique, il nous coûta notre émission en fin de saison. Je me souviens entre autres de ce sketch, balancé entre les deux tours des municipales, alors que les socialistes au pouvoir essuyaient un véritable revers :

Thierry Le Luron : **Allô! Jean-Pierre Fracasse, où êtes-vous?**

Bernard Mabille : **Eh bien, Thierry, je suis actuellement sous la mairie de Paris, face à une porte. Sur cette porte est écrit « Top secret ». Attendez, je l'ouvre. C'est un atelier en pleine ébullition. Il y a là des têtes connues, des ouvriers, je vois Claude Labbé, Bernard Pons, Alain Juppé,**

Jacques Toubon, qui bossent sous les ordres d'un contremaître baraqué. Un grand type à lunettes...

Jacques Chirac (Thierry Le Luron) : Allez, allez, messieurs, du nerf, sinon nous serons en retard pour les élections de dimanche prochain. Je vous le rappelle, à cet égard, c'est fondamental.

J.-P. Fracasse (Bernard Mabille) : Vous avez reconnu monsieur Jacques Chirac. Il fabrique des dizaines de gamelles. Monsieur Chirac, pourquoi ces gamelles?

Jacques Chirac : Pourquoi des gamelles? Parce que Fracasse, je vous le rappelle du 18 juin, à cet égard c'est fondamental, c'est la seule industrie française qui soit prospère. Après les gamelles cantonales, nous travaillons à nos nouveaux modèles, les gamelles municipales. Et Chirac bien, qui Chirac le premier.

J.-P. Fracasse : Et ça marche?

Jacques Chirac : Dès dimanche soir à 20 heures, de nombreux candidats de la majorité ont pris la leur. Pour le second tour croyez-moi, le marché est encore plus ouvert.

J.-P. Fracasse : Mais comment vous est venue cette idée?

Jacques Chirac : J'ai racheté le marché de François Mitterrand. Il a fabriqué durant vingt ans de superbes gamelles avec manche à droite. Invendables! Et le soir du 10 mai 1981, il a tout écoulé.

J.-P. Fracasse : Attendez, je regarde. Il y a là de magnifiques gamelles roses...

Jacques Chirac : C'est la gamelle socialiste avec

manche à gauche. Idéale pour la cuisine... électorale. Elles n'attachent pas, enfin, pas plus de dix-huit mois!

J.-P. Fracasse: Mais c'est une gamelle Jack Lang!

Jacques Chirac: On lui a filé au premier tour... superbe pour faire mijoter les produits de culture naturelle, incomparable pour faire revenir les pièces d'avant-garde, idéale pour les navets façon Roger Hanin, impeccable pour faire doser les vieux croûtons façon François...

J.-P. Fracasse: On doit les offrir une à une?

Jacques Chirac: Non, sur notre lancée, à cet égard c'est fondamental, nous lançons la série de gamelles, qui comprend une Jospin, une Georges Sarre, une Edwige Avice, et nous aurons pour dimanche la plus grosse de la série, la gamelle Quilès. Raymond Barre nous a conseillé les prix de gros.

J.-P. Fracasse: J'aperçois aussi des gamelles rouges?

Jacques Chirac: La Paul Laurent et la Sanguedolce, manufacturées à Saint-Étienne. Elles résistent à un froid sibérien, ne sont pas attaquées par les mines de sel, très utilisées dans les asiles et les cliniques... on les fabrique en cellules. Elles sont dans un matériau tout à fait nouveau, qui les rend bon marchais...

J.-P. Fracasse: Quel matériau, monsieur Chirac?

Jacques Chirac: En noix de coco!

J.-P. Fracasse: A vous les studios...

Du côté des parodies, là encore nous envoyions le bouchon un peu loin, au dire des sympathisants de l'union de la gauche. Ainsi, celle-ci, à la manière de Gérard Lenorman, et de sa *Ballade des gens heureux :*

Notre pape a la bougeotte,
Dans l' monder entier il fait des parlotes,
Je viens te chanter les ballades,
Les ballades de Jean-Paul II.

Il vit à Lourdes dans le Saint Lieu
Pierre Mauroy implorant les cieux
« Je sais que tu es dans la grotte,
seul un miracle peut te sauver mon vieux. »

A Fatima, autre visite,
C'est Badinter qui l' sollicite,
« Pour ta justice j'ai pas d' formule,
faut faire travailler tes cellules. »

Au Mexique, il croise Fillioud,
l'audio-visuel est dans les choux,
« C'est toi qui porteras l' chapeau
de la télé t'es l' sombre héros ».

Se promenant sur la Canebière
Il a la joie d' trouver Defferre,
« Si t'as l'Intérieur déglingué,
vu d' l'extérieur t'es bon à jeter... »

Une irrévérence toute coluchienne, juste adoucie par des allures d'enfant sage.

Avec son nouveau spectacle, *de De Gaulle à Mitterrand*, Thierry, une fois encore, déplaçait la province à Paris au Théâtre Marigny. Les murs, couverts d'affiches 4 m × 3, le représentaient en marionnettiste manipulant de Gaulle et Mitterrand. Un Mitterrand dont il avait dû, à la demande de la direction d'Europe 1, rectifier les canines trop acérées. Un spectacle que Thierry décrivait ainsi, dans une lettre adressée à la profession :

« Ma mémoire, comme celle de tous les gens de mon âge, ou plus âgés, a été imprégnée de souvenirs politiques et artistiques très variés, mais mêlés. J'ai laissé parler cette mémoire. Le résultat de cette cogitation est ce spectacle qui évoquera aussi « l'avant de Gaulle » avec la radio de Jean Nohain, et « l'après Mitterrand », mais ça c'est une surprise...

Sur des textes principalement écrits par Bernard Mabille et votre serviteur, vous retrouverez environ 90 des plus grandes personnalités de la politique, de la télévision, de la chanson et leurs plus célèbres succès...

Un soin tout particulier a été apporté à la qualité technique de cette production : pour la première fois en France pour un spectacle de music-hall, on utilisera le son stéréophonique « Dolby System », une centaine de bruitages divers, et le procédé « Sound-Surround ». Certains diront que c'est encore de la mégalomanie, alors qu'il ne s'agit que du souci de bien faire et laisser médire!

Musicalement, il y aura sur scène 9 musiciens dirigés par Jacques-François Juskowiak, mais aussi des bandes orchestre préenregistrées en studio par 40 musiciens qui n'auraient pas pu tenir sur le plateau tournant de Marigny, et qui restitueront fidèlement la couleur des enregistrements originaux.

Michel Fresnay a créé tous les décors, les accessoires, les masques et les costumes. L'INA nous a permis de retrouver les documents télévisés d'époque.

Les lumières suivront la chronologie du spectacle en même temps que celle de l'évolution des techniques.

Je vous avouerai, pour conclure, que je me suis inspiré des critiques de mon passage au Palais des Congrès, il y a deux ans : pendant ces deux heures vous n'aurez que des imitations! Les seules plumes que vous pourrez apercevoir seront celles de Line Renaud, ou celles de Dalida, habillée en coq français... et si ce spectacle a quand même un petit air de revue, vous penserez plus à Rip qu'à Henri Varna... »

Thierry rectifiait le tir, analysant les faiblesses du Palais des Congrès, il s'en sert ici pour renforcer son tour.

Michel Fresnay a imaginé des décors luxueux : le bureau de De Gaulle à l'Élysée, la galerie des glaces du château de Versailles où évoluera Dalida, débarrassée de son carcan de bandelettes, le Vieux Morvan et sa salle de restaurant nivernais, la maternité où accoucha Denise Fabre, le premier studio de radio de Jean Nohain... Le regard du spectateur ne pouvait pas se lasser, le plateau tournant de Marigny, qu'il fera construire au Gymnase, permettant des changements de tableaux ultrarapides.

Thierry s'offrait un one man show « théâtral ». Du jamais vu chez les fantaisistes, contentant la clientèle de la comédie et celle du music-hall, en liant les genres heureusement.

De nouvelles imitations relevaient encore son tour : Chantal Goya, sans Sabatier, mais avec ses Joyeux Pieds Nickelés, Nicole Croisille, Annie Cordy, Barbara, François Mauriac, André Malraux, Dario Moreno, Georges Pompidou aussi qui s'adressait à la salle au début de la deuxième partie, un document de l'INA, doublé par Thierry en studio, d'un effet saisissant. Un Pompidou parlant de papiers gras et de bâtons d'esquimaux... Mais à l'applaudimètre, c'est Glandu qui pulvérisait tous les records, malgré la discrétion de son apparition, sept à huit minutes pas plus. La France découvrait visuellement le petit vieux en uniforme mastic, et croulait de rire, annonçant déjà son heure entière au Gymnase. L'idée de Thierry était simple. Conter avec beaucoup de liberté l'histoire de la Ve République, du général de Gaulle à François Mitterrand. Un angle original et astucieux, lui permettant de rénover totalement un tour, avec de vieux ingrédients déjà éprouvés sur scène, sans paraître pour autant démodé. Jean Sablon, Dario Moreno, Jean Nohain encore, incasables dans un show, pouvaient très bien trouver une place ici. Nous bâtissions donc un spectacle très musical encore, 19 musiciens entourant Thierry, avec un son très clair, mais très parlé déjà, une large place étant faite à la politique, et aux évocations de De Gaulle, Giscard, Marchais et Mitterrand, bien sûr, dont la cote plafonnait à 38 % de satisfaits. Nous concevions un fourre-tout, bien construit, aux frontières de la comédie musicale et de la comédie tout court.

Dix tableaux, des décors en dur, pour soixante-deux voix. Une suite chronologique, du prologue – l'allocution de Charles de Gaulle s'adressant directement à Thierry : « Le Luron, mon garçon, moi aussi j'ai été remplacé par des imitateurs, allez-y! tirez dans le tas et visez juste... » – au final, « Un Corrézien parle aux Français », Jacques Chirac putschiste s'adressant, sous les explosions, à son peuple : « Je vous promets qu'avec moi nous ne dépasserons pas le seuil fatidique des 18 millions de chômeurs. » Une balade rigolote, au cœur de ces trente dernières années, avec ses points de repère :

– « Vive la radio! » ou le retour de Charles Trenet, André Dassary, Maurice Chevalier...

Thierry a toujours eu le regret de ne pas avoir connu Maurice Chevalier, il l'avait croisé d'ailleurs une seule fois, lors d'un récital de Michel Sardou à l'Olympia : « Affaibli, mais toujours curieux de tout, il allait au théâtre les dimanches après-midi. Pour qu'il ne soit pas dérangé, on l'avait installé dans une rangée de fauteuils, tout seul... On m'a installé à son côté. J'ai eu la chance de parler avec lui, brièvement bien sûr, de ce métier qu'il aimait tant. Quand le rideau est tombé, je lui ai simplement dit : " Bonsoir, monsieur "... Il n'y a pas d'exemple de personnalité du show-business aussi aimée du public... Je suis allé un jour à New York, dans un cinéma de quartier voir : *That's Entertainment*, en hommage aux comédies musicales du passé, et quand, après avoir applaudi ces monuments que sont Bing Crosby, Frank Sinatra, Gene Kelly, Fred Astaire ou Judy Garland, le public a fait une ovation à l'apparition sur l'écran de Maurice Chevalier, je me suis senti très fier pour lui, pour la France, j'en ai été très ému... »

Quand Thierry d'ailleurs ira fêter ses quinze ans de music-hall au Carnegie Hall de New York, il posera pour les photographes, avec un canotier.

A Marigny, Maurice Chevalier chantait non plus *Les gens de Ménilmontant*, mais *Des gars du Parlement,* ou le portrait robot d'un député :

Ils ont tous depuis l'enfance,
l'amour du pays natal,
mais c'est jamais sans manigance,
qu'ils siègent à la capitale,
faut les voir quand ils parlent de la France,
ils sont d'une éloquence pour moi sans égale.

Les gars du Parlement
avec leurs amendements,
nous brisent les tympans

ce sont de vraies perruches.
Ils ont cocardes avant
cocardes et tout l' restant
quand ils s'en vont fièrement
au Parlement.

Il faut les voir la mine haute,
serrant la main d' la charcutière,
ma pomme qui n'est pas de la haute,
trouve qu'il s' perd des pieds au derrière.
D'un coup d'œil ils vous font l'inventaire
des p'tites voix qu'il faut bien qu'ils
[récupèrent.

Les gars du Parlement,
sont des p'tits gars prudents,
s' dégonflent assez souvent,
ce sont de vraies baudruches.

Ils ont de longues dents
et rêvent d'être Président
quand ils entrent fièrement
au Parlement!

La difficulté de cette parodie tenait à employer des mots contenant un maximum de « r », pour amplifier encore le phrasé si particulier de Chevalier.

Un autre grand revenant dans ce tableau *Vive la radio* : Luis Mariano. Thierry l'avait déjà imité dans une parodie écrite par Jacques Martin, *Dans mon avion en feu*, qui empruntait à l'opérette traditionnelle tous ses clichés : toile peinte, accessoires minables, supplique à la Sainte Vierge. Des moments toujours irrésistibles.

Cette année Thierry-Mariano interprétait *Les Frites de Belgique*, pendant que Gérard Russo, travesti en Andalouse, épluchait un bon kilo de pommes de terre au balcon, et que trois pommes chips dansaient sur scène... la production n'avait pas lésiné sur les effets :

> ***Les frites de Belgique,***
> ***moi j'trouve ça dégoûtant,***
> ***La Belle de Cadix***
> ***m'en fait bouffer tout le temps...***

Et la salle de reprendre en chœur : « Chique, chique, chique, aïe, aïe, aïe... »

– Le Golf Drouot cher à Henri Leproux revivait aussi à Marigny, avec ses pensionnaires : Johnny Hallyday (« Elle est pénible »), Dick Rivers et les Chats Sauvages (« A la Sacem »), Françoise Hardy (« La dame des astres ») :

> ***Tous les garçons et les filles de mon âge***
> ***Dans les boums se secouent l' popotin***
> ***Tous les garçons et les filles de mon âge***
> ***Sur les slows se roulent des patins***
>
> ***Tandis qu' moi en cuisine***
> ***J' garde le sac des copines***
> ***Qui s'amusent comme des folles***
> ***Sur d' nouveaux rock and roll...***

Je suis plate du tronc
Pas hardie pour deux ronds
Sans sono j' suis zéro
Heureusement qu'y a l' micro...

Sacha Distel encore, avec son Scoubidou :

Je vends aux connes, aux poires
Mon scoubidou bidou waouh...
En Angleterre la Queen m'a dit
Mister Sacha I love you
But there is a formality
Show me your scoubidou...

Seuls absents, les Chaussettes Noires. Nous avions pensé à « d'Ornano Rock », pour *Dactylo Rock*, un texte mis à la corbeille, avant même les répétitions.

– *Le Palmarès de la chanson*, où un Guy Lux, perdu dans ses fiches, présentait une Mireille Mathieu ultra kitch, en robe noire en forme de cruche avec anse, directement branchée sur le 220 volts.

Au Palmarès se bousculaient encore Tino Rossi, Alain Barrière, Daniel Guichard, Marie Laforêt, Demis Roussos, trois mètres de haut, et une djellaba, comme une montgolfière! Incasable en coulisses. Il serait injuste d'oublier Julio Iglésias, une imitation hyperréaliste, provocante à dessein :

De moi les femmes sont dingo, je ne fais pas
[mon âge,
Je ressemble à un abricot, à cause de mon
[bronzage,
Je vis ma vie comme un hidalgo, roucoule
[comme un oiseau,
Le monde entier est devenu marteau, du
[charme du beau Julio

Moi je tiens le bon bout chez les Américains,
On me fait les yeux doux à chacun
[d' mes refrains,
Je deviens le chouchou, des belles et des
[boudins,
Mais j'suis pas un bon coup, en amour je
[vaux rien.
Je suis sur les genoux, quand je fais mon
[turbin.

Moi je tiens le bon bout chez les Américains,
Y' a des filles de partout qui me veulent du
[bien,
Mais j'suis pas un bon coup, je suis un
[vrai lapin,
Je suis sur les genoux après le premier câlin.
On croit que je suis un macho, que j'fais ça
[à la chaîne,
Que j'suis un drôle de coco, parfois un peu
[obscène,
Je suis tout mou, tout mou, zéro pour le coup
[d'rein
Y' a vraiment qu'en amour que j'suis pas
[numéro un...!

Serge Reggiani, Guy Béart, Jean Ferrat, eux, se retrouvaient sur le plateau Beaubourg, tandis qu'Aznavour et Yves Montand poussaient la chansonnette sous le « Chapiteau Républicain ». Un spectacle enrichi des véritables voix de Léon Zitrone, Jean-Pierre Elkabbach, Philippe Bouvard, André Arnaud, François Diwo, Albert Simon et Michel Drucker, même, qui interrogeait la fausse Alice Sapritch :

QUAND ALICE S'APPROCHE...

(Théâtre Marigny)
Interview de Michel Drucker

Michel Drucker : Chère Alice, on vous en met plein la poire, et pourtant vous avez le moral, vous êtes détendue...

Alice Sapritch (Thierry) : Une star de ma taille, Michelounet, chéri, chéri, doit être détendue, c'est d'ailleurs la seule chose que je n'ai pu me faire retendre. J'ai eu plus de liftings que de rappels, chéri, la preuve quand je serre les fesses, là, regarde, j'ai les paupières qui se ferment. Avec ce qu'ils m'ont retiré, je me suis fait un sac à main.

_M. D. :_ Ce qui frappe chez vous, Alice, malgré votre âge, c'est votre sex-appeal...

_A. S. :_ Oublie les piles, chéri, chéri. Ça me donnait des ampoules, j'ai essayé le sexe à l'électricité, mais seuls les plombs sautaient, chéri, chéri... Aujourd'hui, comme il faut marcher avec le temps, j'ai un sexe au nucléaire, bien que Brice me l'ait déconseillé, et vous savez que Brice l'a longue,

l'expérience du nucléaire... C'est pratique sauf les voyages à La Hague.

M. D. : Pourquoi La Hague, divine Alice?

A. S. : C'est là que je vais me faire traiter tous les mois, chéri, chéri... La Hague... Les vieux déchets.

M. D. : Chère Alice, vous êtes un monstre sacré, le théâtre vous doit beaucoup...

A. S. : C'est vrai, chéri, chéri. Les directeurs de salles surtout, moins d'électricité moins de chauffage, avec moi ils peuvent fermer à l'entracte, même quand je joue les grands auteurs. Avec cet Anglais qui n'en finit pas de mourir, comment s'appelle-t-il, je clamse, non je clapote... Ah non! c'est ça, j'expire William, j'expire, avec j'expire, chéri, chéri. J'ai évité le four, tandis qu'avec Jex Four, j'ai pas pu éviter le pire... C'est fou c' que tu m' plais, toi, tu sais.

M. D. : Alice, une grande comédienne comme vous est-elle fidèle au texte?

A. S. : Oui, chéri, chéri, Liz Taylor, Ava Gardner ou Marilyn Monroe composent, moi je me décompose, chéri, chéri. J'ai tout fait, même du doublage de dessins animés, Pinocchio quand j'étais jeune, maintenant c'est plutôt des seins à réanimer, chéri, chéri. Mais plus ça va, plus on connaît l'Immense Sapritch, en Amérique les gosses m'appellent E.T., il paraît que ça veut dire Sapritch en américain. Ne me regarde pas comme ça, Druckerounet, tu me fais fondre de plaisir...

M. D. : Mais Alice, votre sensualité ne vous embarrasse pas trop quelquefois?

A. S. : Tu l'as remarqué, chéri, chéri, la grande

Sapritch est toujours entourée d'une belle jeunesse, ils admirent mon talent, et il faut voir avec quelle gentillesse ils se précipitent quand je perds mon râtelier... Tu m'excites, Druckerounet chéri, chéri, surtout quand tu te recoiffes avec ta langue... Je te sens capable de choses horribles, terrifiantes, dégoûtantes mais tellement agréables...

M. D. : On m'a dit que vous aviez une poitrine unique dans le cinéma français?

A. S. : C'est vrai, chéri, chéri, j'ai un sein plus grand que l'autre, mon cher mari avait l'habitude de s'endormir en le prenant dans sa main... Nous faisions chambre à part et il couchait à l'autre bout du couloir...

M. D. : Alice, on vous a surnommée la misérable, pourquoi?

A. S. : Mes projets, chéri, chéri. Ils sont nombreux. D'abord la suite de mon chef-d'œuvre le Führer en folie, ce sera la folle en furie avec Chazot... Quant à la misérable, je dois ce surnom à un film érotique, *Le Nœud de huit paires,* j'en jouais une, d'où la misérable, on a trouvé mes roberts obscènes, chéri, chéri, là je vais faire la reine des singes dans Tarzan...

M. D. : Et pourquoi la reine des singes?

A. S. : Parce que j'ai les seins penchés (Chimpanzés, chéri, chéri...), en attendant je joue Marianne à la télé, la République, notre Marianne, après Bardot et Mireille Mathieu.

M. D. : Et le titre de l'émission?

A. S. : La France défigurée, chéri, chéri (grimace)...

Du côté de la politique, ça tapait fort. Les bourdes accumulées par le pouvoir, le sectarisme des idées propagées, la présence des communistes au gouvernement, tous ces propos dépassant le plus souvent la fiction nous facilitaient la tâche. Les décisions politiques multipliaient les mécontents, et les mécontents accouraient à Marigny, comme pour se venger... Le plus mécontent de tous, Giscard d'Estaing, vint en famille applaudir aux déboires de son successeur, encaissant par ailleurs avec beaucoup de sang-froid les quelque dix minutes qui lui étaient consacrées, souriant même à l'apparition du labrador noir, paré d'un superbe collier de diamants : « Vous me donnerez la marque du collier antipuces de votre chien... » avait-il ironisé à l'entracte.

La présence de Giscard servait de détonateur au ban et à l'arrière-ban de la droite française : « Si Giscard a vu le spectacle c'est que nous pouvons le voir, ou plutôt nous devons le voir... »

Ainsi se précipitaient, à Marigny, Jacques Chirac, Jacques Chaban-Delmas, Jean-Claude Gaudin, Jacques Toubon, Robert-André Vivien et même Raymond Barre. Un Raymond Barre, viré lui aussi par le suffrage universel, ovationné par les spectateurs cependant. Le seul socialiste à se déplacer fut André Labarrère, maire de Pau et ministre des Relations avec le Parlement, qui goûta le show au point de nous inviter à dîner, faisant preuve d'une ouverture d'esprit et d'un sens de l'humour fort séduisants.

A Marigny, comme au Gymnase plus tard, nous

avons toujours redouté, il faut le signaler, la visite de François Mitterrand en personne. Imaginez la photo de une de *France-Soir :* Mitterrand-Le Luron se serrant la main... car Thierry n'aurait pas pu refuser. En désamorçant la bombe, le Président vidait la salle, et mettait les rieurs de son côté.

Très entouré, Thierry n'a peut-être jamais été aussi seul que lors de ce Marigny. Il occupait enfin son appartement de l'avenue Montaigne, et s'y ennuyait ferme.

Chaque dimanche matin, j'y arrivais vers 9 heures. Quittant une maison pleine de rires et de cris d'enfants, je débarquais dans ce somptueux deux-pièces, où tout n'était qu'ordre et propreté. La planète Le Luron semblait inhabitée. Un musée où l'on pouvait admirer des toiles de Boucher, Lhote, Brauner, Pascin, caresser du regard des bronzes du XVIIIe, et des ors Louis XV. « Pose les textes sur le piano, nous les verrons plus tard... que dirais-tu d'aller aux puces... ? »

Aux puces, marché Biron, la présence de Thierry se répandait comme une traînée de poudre. Aussitôt, les meubles et tableaux vieillissaient d'un siècle, tout en augmentant de moitié. Thierry ne l'ignorait pas, et s'en amusait, savourant, lui l'autodidacte, ces moments privilégiés où il pouvait faire étalage de sa connaissance des arts. Quitte à les payer fort cher. En fin d'après-midi, j'avais droit aux crêpes Suzette, qu'il préparait fort bien, suivant une recette de sa grand-mère Neva. Des journées sympathiques, amicales durant lesquelles nous retrouvions les tics, les manies, les défauts et les qualités d'une bonne centaine de personnalités, choisissant les unes, rejetant les autres, laissant certaines de ces stars passées dans le tiroir d'un bureau, pour un prochain spectacle peut-être, à contrecœur toujours.

Car Thierry affectionnait les vedettes des années cinquante : Mouloudji, Gréco, Claveau, Ulmer... et je devais ruser pour qu'il ne les inscrive pas au programme, lui livrant même des parodies volontairement bâclées : « Dis donc, tu ne t'es pas foulé. Non mais, Maboule, tu me vois chanter ça ! »

Prenez le spectacle au Gymnase et ses quatre cent mille entrées : Dalida, Bécaud, Lama, Béart, Goya, aucune voix n'est vraiment nouvelle, et vous chercherez vainement Renaud, Lavilliers, Cabrel ou Jeanne Mas... L'aventure du Gymnase fut assurément la plus excitante et la plus prestigieuse. Après un succès tel que Marigny, le métier, qui n'apprécie guère la réussite, l'attendait de pied ferme. Talonné par la concurrence – un Patrick Sébastien superstar, Coluche omniprésent, Bedos trouvant son second souffle –, Thierry n'avait pas le droit à l'erreur. Il s'entoura d'une équipe solide et éprouvée. Roland Hubert pour la production, et Dominique Segall aux relations publiques. Il ne m'appela que bien plus tard.

Depuis le 8 septembre, Thierry présentait sur RTL, chaque samedi, « Les fausses conférences de presse », collaborant pour cela avec Robert Lassus et les journalistes politiques de la station, entrant plus encore dans la caricature, dans le pamphlet au vitriol. C'est à cet instant précis, mesurant la portée populaire de l'émission, qu'il s'aperçut réellement qu'il pourrait franchir un seuil supplémentaire, en ne présentant que des sketches monologués ou dialogués, laissant à d'autres les parodies chantées. Le Gymnase marquait un tournant dans sa carrière qui l'aurait conduit au one man show pur, tout comme Bedos, Devos ou Haller. Il pouvait enfin sortir du carcan de l'imitation, être reconnu pour autre chose. Car, ne nous y trompons pas, Glandu n'était déjà plus l'œuvre d'un imitateur, mais une création originale, un personnage à part entière, avec une voix vieillie et chevrotante.

Comme par miracle, Thierry réussit d'entrée à focaliser l'attention des médias sur son nouveau spectacle : le 31 octobre, alors qu'il se promenait en Glandu rue de Bièvre, il est mis en garde à vue au commissariat central du Ve arrondissement. Michèle Dokan y était pour *VSD* : « Quand Glandu déambule dans la rue de Bièvre fermée à la circulation, il salue entre deux bougonnements les agents en faction.

« Jusque-là rien d'anormal. Mais lorsqu'il nous prend l'idée de photographier Glandu devant le 22 de la rue de Bièvre, c'est au commissariat central que nous nous retrouvons : cet hôtel particulier-là est interdit de photo ! Les vérifications d'identité tournent vite à la signature d'autographes quand M. Glandu arrache sa moustache et ôte son béret. Et pendant qu'un inspecteur téléphone en haut lieu pour savoir ce qu'il convient de faire en pareil cas, Thierry Le Luron, alias Glandu, discute avec les agents ravis de sa présence et dont le nombre grandit à vue d'œil.

– Vous êtes dans un QHS, quartier de haute sécurité, ici, plaisante un flic en lui montrant que des caméras filment la rue à tout instant. Trois quarts d'heure plus tard, nous sommes libérés. Ouf! Clic-clac! merci, Kodak! »

Le 10 novembre, il déclenche après son passage chez Drucker une vive polémique. Laurent Fabius et Jean-Marie Le Pen se fâchent tout rose. Thierry leur répond vertement. Des pages entières dans les journaux. Le 31 décembre, TF 1 supprime sa prestation sans l'en prévenir. Il imitait, chez Patrick Sabatier, Chantal Goya, entouré de ses masques politiques. Une coupe sommaire, et hâtive, puisqu'on entendra Patrick Sabatier se fendre d'un : « Merci, Thierry Le Luron qui vient d'imiter Chantal Goya », tandis que son invité en smoking prendra place parmi les autres vedettes... La preuve pour lui du délit de censure. Marie-France Brière, responsable des variétés sur TF 1, s'explique : « Il fallait réduire de dix minutes. Ça s'est fait au montage final. J'ai sucré les chansons sucrables sans poser de problèmes de liaison : Le Luron, Sheila, Hallyday... question de mettre en boîte les personnalités de ce régime, il n'arrive pas à la cheville de ce qui se passe chez Sébastien ou Collaro... Il a trouvé là une occase de pub. Je n'irai pas sur son terrain. Ce n'est pas le mien... »

Thierry persiste et signe... une lettre ouverte au président de la République :

« Le 31 décembre à 20 heures, j'étais dans ma loge du théâtre du Gymnase, et comme beaucoup de Français, je vous regardais présenter vos vœux. J'ai été touché plus particulièrement par vos souvenirs personnels. J'avais presque les larmes aux yeux quand vous avez rappelé la phrase désormais historique de votre grand-père : " Tolérants, soyez tolérants entre vous ", phrase qu'il adressait, c'est toujours vous qui le dites, à votre " petite troupe turbulente ". J'étais rassuré. La tolérance, ce qui vous a particulièrement manqué depuis que vous êtes à l'Élysée, était enfin à l'ordre du jour de l'an!

Patatras! trente-cinq minutes plus tard, l'émission de Patrick Sabatier, " Horoscope 85 ", était diffusée sur la première chaîne. Je l'avais enregistrée un mois plus tôt, et y imitais Chantal Goya, avec des masques plus vrais que nature : vous-même, Monsieur le Président, sur l'air de *C'est guignol,* Fabius Pipotin, Gaston Defferre et Georges Marchais sur l'air de *Voulez-vous danser, grand-mère,* Jean-Marie Le Pen, *La Catastrophe nationale* et, pour finir, votre épouse, la première Dame de France, sur *Bécassine.* Pas de quoi fouetter un chat.

C'est d'ailleurs le numéro qui fait le plus rire au Gymnase.

Cette séquence a été censurée! Oui, vous avez bien lu, censurée!

Il paraît cependant que ce mot ne fait pas partie de votre vocabulaire, ni de celui du Premier ministre, qui déclarait au micro de Michel Drucker sur TF 1 : “ Je suis contre toute censure ”, rajoutant : “ mais il y a des limites... ”

Voilà bien ce qui caractérise votre régime : l'hypocrisie élevée au rang d'art de gouverner.

Vous êtes pour la tolérance, Fabius contre la censure, alors : que s'est-il passé?

Sur ordre de qui des coups de ciseaux ont-il été donnés dans quatre minutes de bande vidéo, un soir de réveillon?...

Je crois que vous pouvez être fier, la reprise en main de la télévision est totale... on sait maintenant que les humoristes autorisés à y passer sont “ agréés par le gouvernement ”. C'est une précision intéressante.

Pour ma part je retire de ce triste épisode supplémentaire de “ démocratie socialiste ”, le sinistre feuilleton quotidien de la télévision, l'écœurante impression que la liberté n'y est plus de mise... Vous devriez relire *Le Coup d'État permanent :* il est d'actualité brûlante.

J'espère que pour le nouvel an vous avez donné ses étrennes à Hervé Bourges, ça se fait pour les domestiques ».

Thierry Le Luron, 1er janvier 85.

On croyait l'incident clos, mais Guy Bedos au « Jeu de la Vérité » reviendra sur ces événements en posant cette question à Patrick Sabatier :

– Pourquoi avez-vous censuré Le Luron... ?

– François Mitterrand intervenait à 20 heures. Dans le sketch de Thierry qui passait une heure plus tard, on aurait pu penser qu'il y avait une critique un peu trop acerbe de ce qui s'était dit auparavant. La direction des programmes a demandé avec notre accord que l'on enlève le sketch. Je ne sais pas si cela se serait produit avant 1981, mais ça s'est produit là...

On l'avait donc censuré. TF 1 lui offrit un droit de réponse au Journal de 20 heures, qu'il refusa, prudemment : « On m'a invité, c'est vrai, au journal de TF 1. Mais il ne s'agissait pas d'un " direct ". Mon intervention préalablement enregistrée aurait été commentée par des présentateurs de service. Dans de telles conditions, j'ai préféré m'abstenir. Je n'accepterai désormais que les invitations de Guy Lux ou de Michel Drucker, les seuls à supporter les impondérables du direct. »

Fabuleux Thierry, qui savait mieux que tous manier les médias, pour les retourner en sa faveur. La moindre de ses humeurs lui valait une une, il en usa et en abusa, jonglant avec les interdits et les censures, me rappelant cette phrase prêtée à Georges Marchais, dans un sketch : « Y en a marre, on ne m'invite jamais à la télévision! D'ailleurs j'arrête pas de le dire quand je passe à la télé!... »

La télévision ne lui avait jamais vraiment souri :

« De de Gaulle à Mitterrand » a été applaudi par les directeurs des trois chaînes, aucun n'acceptera de le filmer pour le petit écran. Même phénomène au Gymnase.

En 1983, Thierry est reçu par Philippe Bouvard, dans son « Petit Théâtre », où il devait improviser un sketch, sur un thème donné : « Tout ce que l'on peut apporter dans une banque de dépôt ». Une rose jaune traîne en coulisses. Il s'en saisit et imite le Président François Mitterrand : « Je viens déposer le nouvel emblème du plus grand parti de France : les cocus du socialisme ». Le hasard voulut que cette séquence ne passe jamais! Plus récemment, le 10 octobre 1984 :

« Je fêtais mes quinze ans de carrière au Carnegie Hall de New York. Pour cette occasion, Eric Lipman me propose de tourner des extraits du spectacle pour les téléspectateurs français, ainsi qu'un sujet sur moi dans les rues de New York. Marie-France Brière, enthousiaste, promet équipe et technique. Elle parle même de diffusion pour les fêtes de fin d'année. A New York pas de TF 1, pas d'explications non plus. Là-bas Antenne 2 m'a filmé. Ce sujet, proposé au journal de 20 heures, n'a jamais été diffusé. C'était pourtant la première fois qu'un humoriste français se produisait au Carnegie Hall... »

Dans le même temps, Thierry apprend qu'il doit régler un redressement fiscal de quatre millions de francs. Il reçoit la nouvelle avec philosophie :

« Deux contrôles sous Giscard, un redressement sous Mitterrand. La gauche et la droite emploient les mêmes armes... »

France-Soir Magazine lui apporte le renfort de Jean Dutourd : « Monsieur Thierry Le Luron était l'une des personnalités les plus célèbres de notre pays. Il avait lieu d'être satisfait de son sort. Il lui manquait cependant quelque chose, qu'il devait de temps en temps regretter de n'avoir pas, en sus du reste : le martyre. Je ne vois pas, vraiment, ce qu'il aurait pu désirer d'autre. Il ne faut jamais désespérer des puissants cerveaux qui nous gouvernent. S'il y avait un personnage à laisser tranquille, à ne pas approcher, c'était bien Le Luron. On n'attaque pas ouvertement un homme comme cela, au moins pour deux raisons. La première est qu'il n'est pas un agneau bêlant mais plutôt, malgré sa petite taille et ses plaisanteries, un tigre rugissant. Il était couru d'avance qu'il se défendrait avec une autre vigueur qu'un pauvre patron d'usine dépecé par les polyvalents. La seconde raison est qu'il a les rieurs de son côté, ce qui, je le crains, n'est pas le cas du gouvernement. Un garçon qui fait rire trente ou quarante millions de personnes n'est pas n'importe qui. C'est même un formidable adversaire, qu'il vaut mieux minimiser en feignant de l'ignorer. Déchaîner le ministère des Finances contre quelqu'un qui ne fait pas autre chose que des épigrammes est une folie. C'est se poser en État monarchique absolu, en tyran, en brute qui cogne et écrabouille parce qu'on s'est moqué de lui. Infliger à Thierry Le Luron un redressement fiscal de quatre millions est l'équivalent d'une mise à la Bastille sous l'Ancien Régime. Les lettres de cachet de nos jours sont postées rue de Rivoli. Vu le tapage que Le Luron a fait il y a trois semaines parce qu'on avait coupé quatre minutes d'une émission de télévision dans laquelle il apparaissait, on pouvait s'attendre à ce que, pour quatre millions, il crache le feu et les flammes, et ameutât la France entière. Cela ne fait que commencer... Il n'est pas fréquent que des chiens s'accrochent eux-mêmes des casseroles à la queue... la casserole Le Luron manquait. »

Toutes ces polémiques remplissaient le Gymnase, conforté par un bouche à oreille très favorable. En liberté sur le boulevard, il avait mis le paquet. Chaque leader politique se retrouvant en situations, les moins originales, une simple tribune, revenant à Giscard et Chirac. Quant aux autres, un vrai régal. Montant pour la première fois sur scène, j'eus alors la chance d'interviewer près de cinq cents fois Raymond Barre, Georges Marchais et François Mitterrand, pulvérisant ainsi les records de Mourousi! Barre me recevait à Saint-Jean-Cap-Ferrat, chez lui, en bras de chemise, à l'ombre de ses parasols. Un Barre décontracté, relaxe, très sûr de lui, pataud, mais pontifiant à souhait, familier aussi, allant jusqu'à offrir un Ricard à son invité, et quelques petits TUC. Je dois avouer que certains soirs de grande forme, Babar avait l'apéritif facile :

– Allez monsieur Mabille, vous reprendrez bien un petit verre...
– Mais nous en sommes au cinquième. Et puis Mitterrand m'attend.
– Justement, mieux vaut que vous perdiez tout de suite le sens des réalités... D'ailleurs la salle va vous aider :

Ami Mabille, ami Mabille lève ton verre
et surtout ne le renverse pas...
Et glou, et glou, et glou...

Thierry aimait ce côté Fête de la Bière. Six, sept, huit verres de l'amitié, bien tassés!... et nous nous lancions dans une improvisation échevelée accumulant les contrepèteries les plus grasses, les calembours les plus laborieux :

« Giscard saute de la chasse aux fêtes, et des fêtes à la chasse...
Margaret Thatcher s'intéresse aux vœux des neuf... »

Ou encore :

« Monsieur Barre, un mot sur François Mitterrand...?
En trois lettres? j'en ai un tout trouvé. »

Vêtu d'une blouse blanche, je revenais pour interroger Marchais, dans le cadre du « Véritomètre », une machine bricolée de façon à sonner à chaque mensonge.

« Bonjour Monsieur Maboule, j'ai croisé Barre tout à l'heure, il m'a dit que vous aimez picoler. Un petit Ricard vous ferait sans doute plaisir... »

Force est de reconnaître que le jour où Georges Marchais quittera la scène politique, chaque imitateur français perdra sa tête de Turc préférée. Vous n'avez qu'à annoncer le nom de Georges Marchais pour faire rire. Chaque grimace, chaque faute de français, chaque colère porte à fond. Dans le ton, Thierry s'était inspiré du Marchais de Pierre Douglas mais il avait su le sublimer. Marchais se présentait, les doigts dans le nez, puis se mettait une ventouse débouche-lavabo sur la tête. Clownesque et ridicule, souvent attendrissant :

« Liliane est au premier rang. Elle est venue me soutiendre. Elle soutient Georges! »

« On habite un petit pavillon à Champigny. Viendez, viendez donc! »

« Les Français le sachent bien. Encore eût-il fallu que vous le sussiez avant de viendre, et que eux le sachiassent... J'ai fait mes études à Sciences Po! »

« Sakharov va bien, y'a rien à craindre, il va bien, beaucoup mieux que Brejnev! »...

Nous avions imaginé Mitterrand en sa bergerie de Latche, avec son âne et ses moutons vivants, mais l'âne fut supprimé à la dernière minute, ne s'entendant pas avec les autres animaux. Ils nous volaient bien souvent la vedette, surtout à la période des amours. Une vraie rigolade. Transformant le plateau en piscine et en patinoire, cela déchaînait les éclats de rire, de part et d'autre de la rampe.

« Vous connaissez ma devise, Monsieur Mabille : laissez pisser le mérinos ! Même si ça ne sent pas la rose... »

Durant ce dernier tableau, nous nous amusions réellement aux dépens d'un texte que l'on oubliait volontiers. Mitterrand devenait notre récréation quotidienne et celle des techniciens.

– Monsieur Mitterrand, aujourd'hui vingt-sept pour cent des Français soutiennent notre politique.

– Encore?

– Monsieur le Président, le peuple grogne, rouspète, souffre...

– Il n'avait qu'à réfléchir avant, mon vieux!

– On vous dit secret...

– C'est vrai, c'est vrai. Je ne me connais moi-même pas très bien. Tenez, vous me demanderiez ce que je vais faire demain pour la France. Là, demain... Eh bien, croyez-moi, je n'en sais rien. C'est ce que l'on appelle l'expérience socialiste... c'est comme aux Galeries Lafayette. A chaque instant il s'y passe quelque chose!

Toutes ces répliques furent chaque soir saluées par une salve d'applaudissements, avant *L'emmerdant c'est la rose* repris par la salle entière. Une idée, et un texte de Thierry lui-même :

Le dix mai il y a quatre ans
fut un jour extraordinaire,
la France prit un drôle de locataire,
un certain François Mitterrand.
l'emmerdant c'est la rose,
l'emmerdant c'est la rose...

Un refrain qui sera sifflé par le public de Coluche, au « Jeu de la Vérité » de Patrick Sabatier, un soir en plein Festival de Cannes, et mal reçu par la presse :

« La véritable surprise de ce Jeu fut bien le bide que ramassa Thierry Le Luron, devant une salle qui refusa de chanter *L'emmerdant c'est la rose...* (J.-C. Bernard, *La Voix du Nord*).

« La grossièreté de Coluche a le mérite d'être sincère et percutante. Ce qui mit en pleine lumière la vulgarité triomphante et poudrée de Thierry Le Luron » (Yvan Audouard, *Le Canard enchaîné*).

« Maquillé en poujadiste, il nous fait le coup de la distanciation : un cheval pour la gauche, une alouette pour la droite (*L'Humanité*).

L'arroseur cette fois-ci arrosé!

Coluche, Thierry devait l'épouser trois mois plus

tard, « pour le meilleur et pour le rire », le 25 septembre 1985. La Commune libre de Montmartre s'en souvient encore. Deux époux à la Dubout, se jurant « infidélité permanente jusqu'à la mort ! Ils franchiront tous les deux, la même année, le seuil de la tragédie. Le Gymnase fut peut-être le spectacle le plus réussi, le plus abouti aussi, entièrement porté par le personnage de Glandu, une personnalité telle qu'elle dévorait Thierry lui-même. Toujours présent sous l'imitation, il disparaissait sous Glandu.

Glandu a fait couler beaucoup d'encre, chacun cherchant à l'analyser, vieux réac pour les uns, conscience de la minorité silencieuse pour les autres, il n'était que l'aboutissement d'un gag. Jamais en effet nous n'avions cru à un pareil succès. Glandu nous servait à nous défouler avant tout. Nous tenions là celui qui pouvait tout dire, et ne se gênait pas pour le dire, quitte à heurter.

Écrit d'un trait, comme une conversation à bâtons rompus, Glandu se servait des mots de tous les jours, ceux qui animent la rue et le bistrot, il parlait comme Coluche avant lui. Même découpe de phrases, même façon d'amener les chutes, mêmes réflexions frappées au coin du bon sens. En plus de son vocabulaire, la force de Glandu était de vivre en scène, devant nous.

La façade de sa maison envolée dans les cintres, nous pénétrions chez lui, sans y avoir été invités. En voyeurs.

Un frigo, des poissons rouges : « Celui-là c'est Mourousi, l'autre c'est Marie-Laure Augry, au moins on ne risque pas d'avoir des petits... »

Un fauteuil au cuir râpé, des casques militaires : « Je portais le français en 14, l'allemand après, quand ils sont revenus en 1940... »

Le portrait de Pétain, un disque de Dassary : *Maréchal nous voilà...* : « C'est mon hit à moi. J' peux pas m'endormir sans écouter cela ! »

Un réchaud électrique, l'odeur âcre des œufs sur le plat, du steak qui brûle, et madame Glandu séquestrée à la cave... le personnage fait grincer des dents. On l'assimile à son interprète. Thierry s'en défend : « Si on n'a pas compris qu'en le plantant avec deux portraits de Pétain, une femme tondue à la Libération et des propos de beauf raciste, je ne fais rien d'autre que de montrer une authentique ordure comme le font d'autres, comme Bedos, qui eux ne sont pas traités de réactionnaires... »

Dans le numéro 657 du *Point*, dont Thierry faisait la couverture avec ce titre : « Le Luron : le contre-pouvoir du rire », Maurice Szafran notait : « De cette marionnette en chair et en os, symbole parlant de la majorité silencieuse, Thierry Le Luron tire les ficelles avec une allègre férocité. Spectacle ou meeting. On ne sait. Ces rafales de rire, cette force d'adhésion du public, ces vibrations de passion, cette complicité avec la salle sont sans équivalents dans les autres théâtres... »

Pour ma part je ne veux retenir du Gymnase

qu'une image. Un sourire, son sourire, lorsque en fin de spectacle il me présentait. Un sourire de gosse inondé par le bonheur, qui semblait avoir signé un contrat à durée indéterminée avec la vie. Elle a rompu son engagement...

4.

SON AVIS SUR TOUT, SURTOUT SON AVIS

La fonction présidentielle et parlementaire

– C'est très dommage qu'un type qui rentre à l'Élysée se transforme au point qu'on ne le reconnaît plus. Les gens ont élu X, et se retrouvent avec Y. Ils ne comprennent plus. Se disent pourquoi est-il si prétentieux? Pourquoi ne peut-on pas l'aborder? Pourquoi nous fait-il des cachotteries? Pourquoi dirige-t-il tout seul alors qu'il y a une Assemblée?

Il serait temps de ramener la fonction présidentielle à de plus justes proportions. Le premier des Français? bon d'accord... mais il y a des gens plus intelligents que lui. Il s'est retrouvé là parce qu'il s'est prêté à des magouilles politiques... Pourquoi est-ce que tout à coup, parce qu'il a été élu au suffrage universel, il est l'homme le plus doué, le plus capable? Ça ne veut rien dire. Il est le chef. Bon, on veut bien suivre le chef à condition qu'il respecte le sentiment du peuple. On vote pour un être humain. On se retrouve avec un empereur.

Les hommes politiques

– Place au talent, à la création, et laissons les partis sur le bas-côté. Il y en a assez de ces vieilles ganaches issues de la Résistance ou de la collaboration qui se partagent le pays sur nos dos. L'avenir ce sont les jeunes. C'est nous qui sommes productifs et nous sommes gouvernés par des retraités! La France commence à ressembler à l'Union soviétique. Que des vieux!

– D'après un sondage, « 82 % des Français pensent que les hommes politiques mentent », 18 % sont donc mal informés!

Le public

– Le public de première est une locomotive et un détonateur. Plus blasé, plus impitoyable, plus enthousiaste. C'est un public épidermique, un monstre de mauvaise foi, très stimulant.

– Le jour où le public sentira que je m'ennuie en scène, je tenterai autre chose : un restaurant, un garage ou une boutique d'antiquités.

– J'ai le souci que les gens en aient pour leur argent.

– Face au public, je suis comme sainte Blandine dans la fosse aux lions. Mais là, c'est moi qui rugis.

La télévision

– Je ne suis pas un dévoreur d'images.

– Je ne veux pas être la femme de ménage de la télévision française.

Celui à qui on fait appel quand on a besoin d'un gag de trois minutes : « Viens me faire Marchais, en vitesse... » Non merci, j'ai déjà donné.

– Je crois que la télévision est un instrument dangereux.

Ça lasse, ça passe et on passe.

– Il ne faut pas confondre les vedettes télé avec le vrai vedettariat. Une vraie vedette, c'est quelqu'un pour qui on est prêt à payer.

Son physique

– Je ne m'aime pas. Je n'aime pas non plus mon physique, je n'aime pas ma voix. J'ai horreur de me voir à la télévision, je n'aime pas mes photos. Les imitations c'est ma première nature...

– Ma taille, 1,65 m, je m'en fous. A la limite je ne

me suis jamais rendu compte que j'étais petit. Quand je vois des gens très petits, je dis à mes amis :

« Est-ce que je suis aussi petit que ça? » et ils me répondent :

« Plus encore. » Je n'en reviens pas.

Son travail

– Moi je ne « travaille » jamais. Je m'amuse. Mais enfin, il est exact que j'observe beaucoup, sans avoir recours ni au magnétoscope ni au magnétophone. Je me pénètre des comportements que j'observe. Je fais surtout de la psychologie sommaire, je suis le premier à l'admettre, mais assez valable au fond. C'est-à-dire que je note, comme un zoologue qui étudie les animaux, l'arrogance d'un visage, la raideur d'un corps, la rondeur d'un autre. Je m'imprègne en même temps de ce que je sais de la culture ou du passé de tel ou tel personnage. J'essaie de deviner l'idée qu'ils se font d'eux-mêmes.

– Une carrière cela se pense. Cela suppose une option. La mienne c'est d'être toujours présent... On ne sait jamais pourquoi l'on remplit une salle. On sait toujours pourquoi on la vide!

– L'imitateur est un illusionniste.

– Pour moi, le métier est une passion. Ce n'est d'ailleurs pas un travail, c'est l'occupation de ma vie.

– Je veux être dérangeant. Je ne veux pas qu'on me mette dans un tiroir. Je veux aller dans les tiroirs qui me plaisent, et les ouvrir quand cela me plaît.

– Je fais des imitations. Les Américains ont un mot beaucoup plus fort : « Impersonation », prendre la personnalité !

Imitation voulant dire falsification. La vérité de l'imitation est plus dans l'interprétation que dans la reproduction : de l'impressionnisme plus que du figuratif.

– Je ne suis pas une machine à polycopier : j'existe !

– Une carrière, c'est un contrat de tous les jours. Je suis toujours surpris lorsque je vois des photos d'artistes en train de se reposer, faisant du ski, détendus au bord d'une piscine, menant une vie normale avec femme et enfants. Je trouve cela fantastique, mais en même temps je ne suis qu'à moitié étonné. Il n'y a qu'à voir le nombre de vedettes qui percent avant de disparaître aussi vite...

– L'imitation est un don du ciel. Pas une technique.

Collaro

– Je trouve très bien ce qu'il fait à la télé. Il montre du cul, une fois par semaine, il fait donc œuvre utile.

Yves Montand

– Si je devais choisir un parti, je serais carrément montandiste. Oui, montandiste ! Yves Montand est un type très bien. Généreux, honnête. Il a cru dans le communisme et il en est revenu. Il a de l'expérience.

Alice Sapritch

– J'ai songé à l'épouser. Mais je suis un ami de la nature, et je pense à l'enfant. Imaginez qu'il ait la tête de la mère, et la taille du père !

Jean-Marie Le Pen

– Je me suis retrouvé récemment à un dîner guet-apens face à Jean-Marie Le Pen. Cet homme est loin d'être un imbécile. Ce n'est pas lui qui m'effraie mais son entourage.

Eddie Barclay

– Eddie a toujours l'air d'un P-DG quand il fait la fête, et d'un fêtard quand il fait le P-DG.

Jean-Claude Brialy

– Molière étant mort dans un fauteuil, je suis sûr que c'est par conscience professionnelle que mon ami Jean-Claude, lui, connaît déjà si bien Lachaise (le père)!

Michel Drucker

– Il est habillé à la ville comme à la scène par la France. Ça lui va bien!

5.

LA Ve RÉPUBLIQUE DE THIERRY LE LURON

Jacques Chaban-Delmas

« J'ai l' Chirac qu'est patraque, le Debré délabré, le Schumann qu'est en panne, le Poujade qu'est en rade, l' Comiti décati, le Giscard qu'est tocard... » (1970).

Puis dans une version revisitée par Jean Lacroix, en 1978 :

« Y'a l' Giscard qu'est blafard, le d'Estaing qui s'éteint, l' Raymond Barre pas flambard, le Peyrefitte qui s'effrite, l' Guiringaud qu'est dingo, le Galey qu'est très laid, le Bonnet qu'est défait, l'André Bord sans ressort, le Haby rabougri, le Beulac insomniaque, le Boulin en déclin, la Scrivener qui manque d'air, la Saunier anémiée, la mère Veil qui s' fait vieille, le Marchais qu'est pas frais, l' Robert Fabre qui s' délabre, l' Mitterrand expirant, le Ponia flagada, Lecanuet qu'est désuet, le Jobert qu'est amer, le Servan éprouvant... »

En 1983, en uniforme de comique troupier, Thierry reprend la voix de Chaban pour « Tous de travers », une parodie hilarante des tics d'Ouvrard. Il devra l'abandonner au bout de quelques jours, Jacques Chaban-Delmas ne faisant plus recette à l'époque :

Les hommes politiques c'est drôle
ont tous des tics nerveux,
y'en a qui haussent les épaules
d'autres qui clignent des yeux,
quand je vois à la télé
défiler tous ces rigolos
ils ont, ça me fait marrer,
tous de drôles de fioles...
Raymond Barre fait toujours comme ceci (tic)
et Giscard fait toujours comme cela (tic)...

« Il a épousé Micheline pour toujours être en train. »

« Il a une telle soif de pouvoir qu'il voit bien Chaban à l'Élysée et Delmas à Matignon. »

De Gaulle

La première fois que Thierry fit intervenir le général de Gaulle, c'était pour s'adresser à Jacques Chaban-Delmas :

« Oui Chaban, je vous reçois cinq sur cinq. Dites donc à Pompidou de nous faire un petit référendum, histoire de se marrer un peu... »

Cette réflexion lui valut six mois d'interdiction à la télévision.

L'on retrouvera le général, dans le second Marigny intitulé *De de Gaulle à Mitterrand.* C'est de Gaulle qui sur l'écran ouvrait le spectacle, en conseillant à Thierry :

« Le Luron, mon cher garçon. Allez-y, tirez dans le tas et visez juste. Vive la rigolade, vive la France !... »

Un énorme travail de synchronisation. Deux journées de studio pour deux minutes de scène...

Conférence de presse du Général à Marigny. Il y était interviewé par André Arnaud, Jean-Pierre Elkabbach, Léon Zitrone, Jacques Pessis et Albert Simon.

– Mesdames, messieurs (il tousse), **Malraux, s'il vous plaît, je vous l'ai déjà dit. Pas plus de dix-huit joints ! Ça m'enroue, et j'ai beau descendre de Bernadette Soubirou, je n'ai pas la glotte miraculeuse... Mesdames, messieurs, chers godillots et très cher moi-même. Je me félicite de me voir ici, devant vous, nez à nez, en général et en particulier. Je sais que les questions seront bonnes, j'y ai travaillé toute la nuit, aussi vais-je faire en sorte de ne pas y répondre. J'attends donc mes questions en toute quiétude** (temps de réflexion)... **oui Michel Droit, je vous l'ai promis, vous l'aurez votre place à l'Académie française... mais je vous l'ai déjà dit,**

arrêtez de me cirer les pompes, ou bien faites-moi la gauche aussi!

André Arnaud : Mon général, quel est pour vous l'événement international qui a le plus marqué les Français sous votre mandat?

– Hélas, hélas, hélas! c'est incontestablement l'assassinat de Kennedy qui, pour longtemps j'en suis persuadé, marquera les Français. Tenez, je veux bien parier qu'en 83 encore, la France ne parlera que de Dallas eh wing! c'est comme ça. Je sais, pour ma part, que ce sont les attentats (un bang énorme... De Gaulle sursaute, apeuré)... **c'est malin, Pompidou, de faire éclater des sacs de bonbons vides. Laissez le sac tranquille. Comment, il se passe quoi...? Je vous interdis de toucher à la barbouze de Pisani!**

Jean-Pierre Elkabbach : Mon général, pensez-vous régler le problème des pieds-noirs après avoir réglé celui de l'Algérie?

(De Gaulle tousse...)

Mon général... (reprise d'Elkabbach).

– Je vais tout vous dire. Je vous ai compris! Ils ont peut-être les pieds-noirs, mais j'ai les mains blanches... Leur hargne, leur grogne et leur rogne me passent au-dessus du képi. Puisque l'Algérie n'est plus française, c'est promis la France deviendra algérienne, et je compte avoir le prix Nobel de la Paix, pour être le seul dirigeant d'un pays arabe qui ne soit pas en guerre.

Léon Zitrone : Mon général, merci tout d'abord d'avoir la gentillesse de bien vouloir me laisser vous interviewer. J'en suis heureux et fier, et vous remercie à nouveau de l'honneur que vous me

faites. De tous, j'ai bien dit de tous, vos faits et gestes, quels sont ceux que l'histoire retiendra?

– Tous... sans exception! et même les autres! J'ai donné la pilule à la France. Peu de femmes encore l'utilisent. Mais inutile de sourire, Debré... Vous verrez qu'en 82, 83, c'est la France entière qui prendra la pilule... monumentale! j'ai donné à la France la bombinette, le Concorde, et le *France*, ce *France* qui partout dans le monde promène les couleurs de la Norvège...

Jacques Pessis : Mon général, comment voyez-vous l'avenir?

– Je dois le dire sans hésiter, l'avenir sera rose. Très rose même. Oui mais, car il y aura un mai! La jeunesse va se révolter, menée par un quarteron d'étudiants en retraite. Ce sera un tohu-bohu général :

Ami entends-tu le vol noir du pavé qu'on décolle,
et le cri du CRS qui le reçoit en pleine fiole...

La France déconne Bendit! et c'est pour moi comme un coup de massue, et je vois François, Lionel, Michel, Georges... et les autres, renifler les restes du pouvoir dans la gamelle du pouvoir... Et croyez-moi, j'ai du Pif!

Albert Simon : Quel temps fera-t-il en mai, mon général?

– Le temps d'un baptême de l'air pour Baden-Baden, je vais enfiler une veste et porter l' chapeau, et croyez-moi, Massu va en prendre pour son grade!

Thierry n'hésita pas non plus à faire intervenir de Gaulle en direct du paradis.

« C'est encore moi. Votre général. Vous savez, de là-haut je vois tout, je vais même encore jusqu'à descendre incognito pour mettre mon grain de sel : Qui croyez-vous qui ait poussé François à tenir tête à l'Amérique?

A propos de François, si vous l'voyez, je sais qu'il n'est pas souvent là, dites-lui que je peux lui faciliter le travail, dites-lui que tous mes discours sont dans la doublure de mon uniforme, celui qu'il essaye en douce, le soir pour rêver... Dites-lui que nous n'avons pas la même pointure... »

Giscard d'Estaing

« Giscard n'a jamais eu de d'Estaing derrière lui, mais n'a plus aucun destin devant. »

« Bonsoir messieurs, bonsoir mes diams. »

« Je descends de Louis XV, par l'escalier de service. »

« Avec Anémone et Jacinthe à mes côtés, je suis sûr de ne pas manquer de pot. »

« La misère est partout. Pendant ma campagne auvergnate j'ai croisé des Français et des Françaises qui conduisaient leurs voitures eux-mêmes. C'est inadmissible! »

Conférences de presse
de Valéry Giscard d'Estaing
(Marigny 83)

« Est-ce que je suis sur l'écrin, pardon sur l'écran, bien au centre-droit, s'il vous plaît... Madame, mademoiselle, monsieur, Auvergnats, Auvergnates, Jugurtha, Anémone, Jacinthe, Henri, Louis-Joachim, Danielle Gilbert... Bonsoir!

Je suis ici pour apporter un démenti catégorique et, j'ajoute, méprisant aux accusations portées contre euh... dites-moi Poniatowski, il s'agit de quelle affaire aujourd'hui? pardon, ah! il n'y a pas de scandale... c'est une conférence de presse.

Oui, monsieur Mourousi. Au fait, en sortant, pourriez-vous me rendre un service, et jeter un œil sur le gros cube d'Anémone, il fait rata, pot, pot pot... Votre question, Mourousi... »

Yves Mourousi : Bonjour! Monsieur le Président... Les plombiers du* Canard, *vos cadeaux africains... peut-on dire que vous êtes devenu un homme d'affaires?

– C'est une bonne question monsieur Mourousi. C'est une pierre dans mon jardin, et Dieu sait comme pour moi elles sont précieuses! Les plombiers du *Canard* n'existent pas! d'ailleurs, qui en France pourrait déplacer un plombier aujourd'hui? Je vous le demande. Et d'ailleurs ne trouvez-vous pas ridicule ce directeur de journal qui dans les Waters guette... les hommes du Président?

Quant à mes cadeaux, comme le dit mon cousin Bokassa *(il prend l'accent noir)*, **mettons-nous Dacko là-dessus. Quand il y en a Boulin, il y en a Bou**

l'autre. En Afrique je me sens chez moi. Leurs villages me rappellent mes ministres : toujours une case vide! Je vais là-bas uniquement pour chasser les idées noires...

Oui, Monsieur Zitrone, c'est une bonne question, posez-la...

Léon Zitrone : Pourrais-je, mon bien-aimé Président, commenter en direct et en mondovision le mariage de Valérie-Anne?

– Alors que je m'abandonne à la cuisine électorale, ma fille aînée se tourne vers la cuisine. Moi je vous sers mes salades, elle les rend digestes. Elle invente même des recettes : l'omelette Ponia, au poulet, bien bavure... La soupe Raymond Barre, une soupe aux croûtons, aux vieux croûtons même, bien gratinée, et le soufflé Mitterrand, une pâte que vous laissez reposer trente années environ, ça monte très, très vite, ça gonfle, gonfle, c'est plein d'air et hop! ça retombe aussitôt...

Jean-Pierre Elkabbach : Que pensez-vous de la liberté d'expression sur nos ondes?...

– Monsieur Elkalulli...

Pas Lulli, Bach... monsieur le Président...

– Oui monsieur Offenbach, votre question me fait doublement plaisir. D'abord la poste française, quoi qu'on dise, marche bien. Anémone l'ayant mise à la boîte hier soir, j'eus peur qu'elle ne vous parvînt pas. Premier plaisir. Deuxième plaisir, j'ai une réponse à votre question. Les Françaises et les Français comme dans tous les pays démocratiques ont le droit de savoir, quelle que soit la vérité, bien entendu.

Là, je vous invite à réfléchir avec moi. Qui est le plus à même à connaître la réalité des faits? C'est le gouvernement, et le gouvernement c'est moi.

C'est pourquoi, en accord avec... moi-même, j'informerai tous les jours les médias des dernières nouvelles.

Charge à eux de les récupérer sur les antennes. Les frères Duhamel, pourtant fort contestataires et, n'hésitons pas à le dire, de gauche, sont là-dessus, pour une fois, comme d'habitude d'accord avec moi.

A ce sujet, je leur remettrai le journal télévisé écrit par moi à 12 heures, 20 heures et 23 heures. Ils auront alors toute liberté de le corriger comme ils l'entendent... C'est-à-dire d'en corriger la ponctuation. Les journalistes veulent plus de liberté, ils seront plus libres... de leur temps. Une information bien dirigée est une information bien digérée.

André Arnaud : Monsieur le Président, Couve de Murville a dit de vous : « Giscard est le seul chef d'Etat au monde dont on sait où il ne couche sûrement pas... » Vous recevez les éboueurs, percutez un camion de lait à 5 heures du matin. Ne seriez-vous pas un peu bidon?

– Votre question est intéressante, intelligente, je reconnais bien là le talent qui caractérise le grand journaliste que vous êtes...

(Giscard et sa famille venus à Marigny n'ont pu entendre cette question, Thierry l'ayant par délicatesse enlevée ce soir-là).

Albert Simon : Monsieur le Président, pourriez-

vous nous dire quel temps il fera en mai 1981?

– Très orageux. Il faudra sortir parapluies et mouchoirs. Mouchoirs monsieur, mouchoirs madame...

Georges Marchais

« Moi, l'Union soviétique, j'y vais et j'en reviens. Je ne suis ni juif ni intellectuel. »

« Ne me parlez pas du Beaujolais, il fait 11° 5, lui. »

« Je suis un surdoué, à deux ans je résonnais déjà comme je résonne aujourd'hui. »

« Nous, pour parler des libertés, on se réunit en cellules, c'est pour habituer les gens. »

« J'ai pas fait d'études, j'ai même été recalé à mes examens d'urine. »

« Moi j'ai un gros bagage. Les Français le disent : “ Marchais, qu'est-ce qu'il trimballe ! ” »

« Au PC on vient d'annoncer un virage. Le premier viré, ce sera moi. »

« Avec moi y'a pas de risque que le PC soit inculpé pour intelligence avec l'ennemi. »

« Le nuage de Tchernobyl a été un grand pas dans les libertés soviétiques. Ce fut la première émission radioactive à franchir le rideau de fer sans problème. »

– C'est pas ma question, monsieur Marchais!
– Mais c'est ma réponse, mon vieux!

« Croyez-moi, quand on a Marchais dedans ça porte bonheur! »

« J'ai bien connu Andropov, et même sa femme Menaupov. »

« L'Europe est à l'image de sa monnaie : l'écu dans l'eau. »

« Quand j'ai annoncé que je ne me présenterais pas en 88 aux présidentielles, Gorbatchev n'a pas bronché : " élections ", c'est intraduisible en russe!... »

« Gorbatchev m'a fait cadeau de deux beaux lévriers afghans et d'un flacon d'eau de Pologne. »

« Euromarchais! je suis une nouvelle race de politicien! »

« Au PC on aurait du mal à faire le bain de siège de Rika Zaraï. Pour le bain ça va, mais alors les sièges qu'est-ce que ça nous manque! »

« Je suis polyglotte en plusieurs langues! »

« En Allemagne, pendant la guerre, j'ai connu une femme très dure : la mégère Schmidt... »

« Sur mon bureau, le téléphone direct avec le Kremlin est facile à reconnaître. Il n'a que l'écouteur. »

« A quatre au gouvernement, on fout le bordel comme les trente-trois ministres socialistes. »

Georges Marchais, l'inspirateur de nombreux sketches (dont « le Véritomètre ») et le moins connu : *Ça va changer.*

« Ça va changer! (coup de feu). **Je fais, mon fusil à la main, la chasse aux privilèges. C'est très simple! Fiterman, Lajoinie, Paul Laurent, avec Juquin, non pas Juquin! rabattent. Moi j' me cache derrière un arbre, j'imite le cri du billet de 500 francs... le privilégié, il sort de son appartement de l'avenue Foch et je tire...**

Et là encore on n'est que le 9 mai. Mais vous allez voir bientôt, on va étendre la chasse partout, sauf à l'Élysée, et à l'Assemblée nationale, eh, c'est là qu'on les élève, les privilégiés!

Ça va changer! j'ai les chiffres. Tenez 39° 5. Non, là c'est ma température quand j'ai eu l'infractus de la cocarde...

Ah! voilà les chiffres en toutes lettres : 51 % pour les socialos *communiss,* mais que 14 % pour les *communiss socialos*! Ça fait quand même 51 % à nous deux, moi tout seul!

Ça va changer! j'suis venu sur ma moto une Krasukiki 75 cl, une tout-terrain, faut le voir sur les plages sauter de grève en grève... et je suis en pleine forme. Je vais aussi bien que la France, beaucoup mieux... l'année prochaine!

Ça va changer! moi j'vous l'dis! les smicards travailleurs exploités par la droite réactionnaire à Giscard, y vont travailler moins. Ils auront moins de travail sur les épaules, il y en aura même des millions qui n'auront plus de travail du tout...

Ça va changer! on va étaler les congés, l'étalement sera le mot d'ordre de la gauche! Ça, la France va s'étaler comme vous pouvez pas l'imaginer...

L'ouvrier français sera aussi heureux que l'ouvrier russe. Si, si! moi j'ai un camarade là-bas. Il est très gai. Youpi! Il s'appelle Andropov. Il a pas une grande place, il travaille dans un cagibi, il cherche les taupes. Il m'a dit que dès demain, 10 mai 1981, l'ouvrier français pourra aller passer ses vacances en Afghanistan, balade en hélicoptère et chars blindés, à cause des chutes de pierres, vacances en Sibérie, aussi, dans les villages de toile entourés de barbelés, pour que personne vous dérange.

Ça va changer! on va obliger le pape à bénir la foule les mains dans les poches, pour lui éviter de faire des signes aux agents de la CIA.

Ça va changer! dans tous les domaines... Dans l'information il y aura un certain quota de communistes qui auront une haute autorité sur leurs camarades qui passent leur temps à désinformer.

Oui c'est ça, ils informent avec des informations désinformées.

Tenez, quand on dit qu'il y a la queue en Russie devant les boucheries, les poissonneries, les charcuteries, les primeurs... C'est vrai, mais ce que l'on ne vous dit pas c'est qu'ils soldent!

Vous savez, en cette veille de ce grand jour, je réflexionne un maximum. Ça va changer, parce que le capitalisme c'était l'exploitation de l'homme par l'homme, eh bien, le socialisme ce sera exactement le contraire! »

Raymond Barre

« Le phénomène Barre repose sur son propre fondement, et il est bien assis croyez-moi... »

« – Monsieur Barre, vous serez peut-être le prochain président?

– Je vous en prie, le « peut-être » est de trop. »

« François Mitterrand me fait penser à la mère Denis. Il a fait avec la France comme avec la mère Denis avec son linge : il l'a lavée, rincée, essorée pour mieux l'étendre. »

« La place de Mitterrand est au musée Grévin. Il a le teint de cire. De triste sire. »

« Aujourd'hui Barre biche, car Barre botte de plus en plus de Français. Je ne vois pas qui pourrait mettre Barre à bas, avec la cote que Barre atteint. Il ne faudrait pas que la cote de Barre baisse, ça amuserait la galerie... »

« – Monsieur Barre; il y aura trois candidats en 88...

– Mais je suis suffisant. Oui je suis suffisant! »

« C'est ma femme Ève qui conduit la carrière de ma pomme... »

« Quand on voit mon tour de taille, on voit tout de suite que je suis opposé au régime. Mitterrand eut l'état de grasse, moi j'ai l'état de graisse! »

« Je suis le Tabarly de la cinquième république,

je profite de la cohabitation pour faire du transat en solitaire. »

« Moi je ne fais pas de politique, c'est ce que je répète dans tous mes meetings. »

« Votez pour moi en 88! c'est moi qui vous y ai mis, je suis donc le mieux placé pour vous en sortir. »

« A Lyon je me suis pris un Gnafron national... »

« Je suis le grand méchant mou! »

« – Monsieur Barre, vous vous prenez pour le messie!...
– Mais non, mais non! »

« – Je me gausse, Monsieur Mabille, je me gausse, vous supputez gratuitement.
– Ah, je suppute gratuitement?
– Oui c'est rare... »

« Chacun se réclame du culte du général de Gaulle, si de Gaulle revenait il y aurait des coups de pied au culte qui ne seraient pas perdus pour tout le monde... »

François Mitterrand

« Chose promise, chom'du. »

« Léon Blum avait du génie et un chapeau. Mendès France a pris le génie, moi j'ai pris le chapeau! »

« Latché : c'est là que je viens réfléchir aux affaires de la France, ma France, quand elle va mal, quand elle souffre. Autant dire que pour l'instant je m'y suis installé à l'année. »

« Je m'adonne aux joies du jardinage. Hier c'était les lauriers, après j'ai fait des soucis, aujourd'hui je suis dans les choux. »

« J'aime recevoir mes amis, les fidèles du socialisme, sur lesquels je peux compter, Mermaz, Poperen... Sans oublier Poperen, Mermaz... »

« Je suis un président écouté et suivi. Il a suffi d'un mot de moi sur l'école privée pour que deux millions de Français descendent dans la rue... »

« Je me sens arbitre de la situation. Un arbitre avec des millions de sifflets. »

« Nous comptons douze millions de grévistes. Tant qu'il y a plus de grévistes que de chômeurs, c'est signe qu'il y a du travail. »

« Mes rapports avec les Français sont simples, clarifiés. Quand je vais en province ils se présentent spontanément à moi, en me criant leurs noms :
" Vendu, pourri, canaille ! "... Moi je leur dis :
" Mitterrand, enchanté ! " »

« Je vais bien. Malgré toutes les petites maladies sexuelles qui traînent. La preuve, voilà six ans que je baise cinquante millions de Français sans rien choper. Juste une petite Greenpeace, mais très légère... »

« Dans les Landes j'ai appris l'art de la tonte. Pour bien tondre, il faut savoir parler au troupeau : « J'ai besoin de vous... sans vous je ne serais rien... je vous aime... » Vous lui offrez des friandises : trente-neuf heures, cinquième semaine, baisse des impôts... et hop, vous lui sautez dessus. Vous commencez la tonte. »

« Pour la France j'ai reçu des offres d'achat... de Bernard Tapie. »

« Giscard avait les nouveaux philosophes, moi j'ai les nouveaux pauvres, et avec Fabius, Hanin, mon neveu et les autres... les nouveaux riches. Ça compense. »

« Grâce à la proportionnelle, à Marseille comme ailleurs, les électeurs socialistes décédés ces dix dernières années pourront voter dès le premier tour. »

« Le vieux mordant »
au soir des résultats du 10 mai 1981

« Françaises, Français, camarades, camarades, belle-sœur, beau-frère, que pouvons-nous faire pour la France, ce soir?... Rien... Hélas! C'est elle seule qui a choisi sa voie, la voie du désenchantement, la voie de l'aventure...

(Toussotements en coulisses)

Voix off : " l'autre poche, le papier dans l'autre poche! "

« Vous voulez me faire perdre les pétales ou quoi.

Nous sommes en direct... Oui. C'est rien, Fillioud me dit que l'on pourra couper au montage!

« Roger Hanin m'avait dit : " Si tu gagnes, le discours est dans la poche de gauche, si tu perds c'est dans la poche droite. "

« Gauche, droite, droite, gauche. Je n'ai jamais pu faire la différence. Vous, vous la faites? Attendez un an ou deux, vous serez comme moi!

« D'abord c'est vrai, c'est vrai, même si j'ai auparavant raté trois fois mon examen de passage, je ne serai pas rancunier. Il n'y aura pas de chasse aux sorcières. Jamais! tiens mon petit Roger, j'en vois deux ou trois qui rigolent dans le fond, note leurs noms s'il te plaît.

(Puis Le Luron-Mitterrand lit son discours.)

« Français, Françaises, camarades, camarades, mes frères, ma sœur, mon neveu, mes chers cousins, beaux-frères, belles-sœurs, ma femme, mes fils, je vous ai compris!

« Le jour de gloire de la famille est arrivé.

« Mais je voudrais d'abord rassurer les 48 % d'entre vous qui ne voulaient pas de moi : je serai le président de tous les Français, des 52 % de Français qui ont voté pour moi. J'ai beaucoup promis. Rassurez-vous, ces promesses, je continuerai à les faire. Vous serez bientôt très heureux. Je le jure... sur la tête de Giscard.

« Mon programme n'a pas été élaboré rue de Mièvre. Il va faire grincer des dents. Dans ce pays où il y a trop de riches, je vais m'efforcer de faire plus de pauvres. Pour trouver l'argent que la grosse bourgeoisie a mis à gauche, j'inventerai des formu-

les adroites. Je vais par ailleurs m'entourer de ministres compétents, et ça va faire du bruit, croyez-moi...

« Français, Françaises, vous vouliez le changement. Vous ne serez pas déçus. Tout va s'arranger comme par magie car je suis magicien. La preuve. Tenez, là, dans ce chapeau je vais y introduire cette voiture, ce magnétoscope, la cinquième semaine de vacances, les trente-cinq heures, Michel Rocard, et le Français moyen. Un peu de poudre de Mauroy pimpin, les mots magiques : " relance, changement, prospérité... " et hop! Le Français moyen ressort plus que moyen... Mais tout a totalement disparu. Même Rocard... »

– Monsieur le Président, vous avez beaucoup de dons, vous êtes écrivain, politicien, est-ce que notre Dalida nationale vous a donné le goût de la composition musicale?

– Oui, d'ailleurs j'ai décidé de changer notre hymne national. Voici d'ailleurs la danse des connards.

(Thierry Mitterrand entame alors une parodie de la célèbre *Danse des canards,* reprise en chœur par la salle.)

C'est la danse des connards
qui en vidant l' grand Giscard,
Se prennent pour des malins et f'ront tintin.
Regardez tous ces jobards,
qui à la Bastille se marrent,
et qui pleureront demain, en faisant tintin.

Bientôt vont fermer leur bec,
quand ils s'ront au pain sec,
Et qu'il ne restera plus rien, qu'à faire tintin

Car on va en mettre un coup,
pour leur piquer tous leurs sous.
Et les laisser sur les genoux comme des toutous

Sortez la galette
faut qu'on se renfloue
votez girouette
c'est super chouette
merci pour tout

Mais c'est pas en virant Giscard,
Jacques Chirac et Raymond Barre
Que je rigolerai demain, ni après-demain
car dans la marre aux connards
nage déjà le p'tit Rocard
qui croit fort en son destin.
Il ira loin...

Jacques Chirac

Jacques Chirac fut assurément le plus épargné par son ami Thierry qui l'avait ainsi décrit, en parodiant une chanson interprétée par Dalida : *Gigi l'amoroso*, devenu pour la circonstance *Chichi Valentino*. Elle marquait notre toute première collaboration.

Il a les ch'veux plaqués,
des lunettes sur le nez,

c'est un grand garçon aux allures de dandy,
son complet bien coupé,
impose à la télé
toutes les femmes, avec lui, aimeraient passer
[la nuit.

Anémone l'auréole,
Madame Barre en est folle
La camarade Marchais le voit en secret,
Mais les plus excitées
sont à la vérité
les femmes de ceux qui votent à l'opposé
et quand il vient causer
Toutes de s'écrier...
Ah voilà Chichi Valentino
Joli minois, croqueur de voix
Contant fleurette,
Chichi Valentino,
Bourreau des cœurs,
toujours tombeur
Mais jamais d' la jaquette
Partout elles font la fête quand il paraît
A Lille, Paris, Quimper ou Saint-Malo...

« Jacques, mais toutes l'appelaient Chichi Valentino. Elles étaient dingues de lui. La femme du boulanger, fâchée avec Raymond Barre parce qu'il avait pris de la brioche, la femme du colonel Bigeard qu'il aurait pu sauter sans parachute, la femme du notaire qui votait pour Servan-Schreiber, qui ne l'avait jamais trompé auparavant...

« Chichi tu pleures... Parce que Carter n'a pas voulu te recevoir. Mais qu'est-ce qu'il y comprend

cet Américain, à part le rock, le twist et les cacahuètes. Ici tu es le roi, Jacques Raymond Valéry François Chirac. Tu es le roi... »

Thierry lançait tout de même quelques flèches en direction de l'ex-Premier ministre de Giscard, assez souvent émoussées. A Marigny, Chirac apparaissait en général putschiste, ayant pris le pouvoir grâce au soutien populaire et démocratique des chars, missiles et autres sous-marins :

« Un Corrézien parle aux Français, et lance un appel qui, à cet égard, est fondamental... »

Après avoir remercié Fidel Castro, le président des États-Unis, Deng Xiaoping, réfugié à Londres, Robert Broussard, empereur des Corses, Giscard d'Estaing, empereur de Centrafrique, et Mitterrand, patron du syndicat des grutiers, Chirac jure que la France ne dépassera pas le cap des 18 millions de chômeurs en 1988...

Au Gymnase, encore, Jacques Chirac ne se souvenant plus de son programme, ouvrait résolument le bouquin de Le Pen pour le lire.

« Je veux mettre l'IVG, non monsieur Marchais, je n'ai pas dit le TGV, mais l'IVG à la portée de toutes les bourses, malgré l'opposition que Le Pen hisse au-dessus des partis... Le RPR demeure, ne l'oublions pas, le Rassemblement pour rigoler... »

Puis Chirac louait la jeunesse de son parti. Ces jeunes comme Pasqua, Pons, Labbé, de Murville...

Edgar Faure

Homme à tout faire

Moi Edgar Faure du Conseil Président
Maire de Dole député de Dinan
Membre honoraire de mille honorables
[assemblées
et du taste-vin étant fait chevalier
Membre d'honneur de la pipe jurassienne
et grand échanson de la vigne alsacienne
membre de soutien de divers partis
socialiste du centre et royaliste aussi
sans oublier RPR, coco et tutti quanti
ancien, actuel, futur ministre et sénateur
[c'est vrai
de la Chambre je fus celui qui arbitrait
aujourd'hui que le temps passe ça c'est inouï
je suis un immortel et siège quai Conti
j'écris mes Mémoires et quelques romans noirs
paroliers, chansonniers et pianiste le soir
j'ai toutes les qualités et de corps et d'esprit
et toujours aussi souple que quand j'étais petit
en un instant j' tourne ma veste et n'hésiterai
[pas
pour accrocher vos voix demain à enlever le
[bas

Durant tout ce sketch, Thierry, pipe au bec, ne cessait de retourner sa veste...

Les socialistes

« Le mieux placé pour parler des socialistes est bel et bien Haroun Tazieff, ministre aux catastrophes naturelles. Une bonne chose puisque, pour les socialistes, les catastrophes ont toujours été naturelles.

« Les socialistes et les volcans c'est pareil...
Comme les volcans, les socialistes ça roupille pendant des années.
Comme les volcans, les socialistes ça fait beaucoup de bruit.
Comme les volcans, les socialistes quand ça se réveille, ça fout le bordel partout.
Comme les volcans, les socialistes on ne sait pas les arrêter.
Comme les volcans, les socialistes ça laisse derrière eux des ruines, des ruines... »

« Y'a-t-il un socialiste dans la salle? Oui un! ça fait longtemps qu'on n'en avait pas vu autant. Vous viendrez dans ma loge après, monsieur. J' vous donnerai l'adresse de Greenpeace, ils s'occupent des espèces en voie de disparition. »

« Les socialistes ils ont pris le maquis, sous Giscard, chez Régine et chez Castel... »

Imitation de Régine

(chanson)

Ce sont tous des gens bizarres
qui s'encanaillent mine de rien

et sitôt que la nuit tombe
Au New' Jimmy's j' les connais bien
de tous les clubs ils ont la carte
mais les voici la rose au poing
les roses,
c'est un ballet de Mercedes et de Jaguar
les roses
Prennent le maquis chez moi et au bar il faut
[les voir
Les roses
se gavent de whisky et de caviar, le soir, loin
[des smicards
les roses
moi j'les arrose, avant qu'ils n'arrosent eux-
[mêmes leur victoire
Les roses
le lendemain l'Alka-Seltzer ça va bon train,
Les roses
à la chambre sur les strapontins cuvent
[mon vin,
et roses
ils ne vivront que c' que vivent les roses,
[l'espace d'un scrutin!

« Les socialistes ils arrivent au pouvoir avec des solutions et l'on se retrouve avec des problèmes. »

Monsieur Glandu

« Les socialistes n'ont plus personne. Sauf Jospin, Poperen... C'est bien ce que je disais : Personne! »

« Moi j'ai été pétainiste sous Pétain, comme mon

voisin d'en face (Mitterrand); mendésiste sous Mendès, comme mon voisin d'en face; socialiste, comme mon voisin d'en face, du 9 au 11 mai 1981; et demain, je serai chômeur... comme mon voisin d'en face! »

« Moi je dis que le racisme, c'est comme les noirs et les arabes, ça ne devrait pas exister! »

« Le plus dur en France c'est de devenir chômeur. Avant, il suffisait de rater son certificat d'études, maintenant il faut avoir le bac, la licence, l'aggrégation... »

« La rue de Bièvre c'est un vrai QHS. Quartier de Haut Socialisme. »

« Chez Mitterrand, ils y viennent tous comme à Lourdes, pour espérer un miracle... »

« Fabius il a une 2 CV classique, fabriquée en Afrique du Nord, à Aulnay-sous-Bois. Là-bas ils font les trois huit : 8 heures de grève, 8 heures de prière, 8 heures d'arrêt de travail! »

« Mauroy, les feux de l'économie qui étaient verts, il les voyait rouges. Il était temps de le virer. Il était daltonien... »

« Fabius c'était Giscard en plein. Mauroy, lui, c'était Barre en creux. »

« Au Panthéon, Mitterrand s'est gouré de tombe. Il est allé sur celle de Louis Braille... Ce qui explique que l'on soit gouverné à l'aveuglette. »

« Y'a que le cul qui se vend! Ça Giscard l'a bien compris qui a appelé son bouquin : " Deux Français sur trois... ", c'est pas dégueulasse, non! Enfin chacun fait ce qu'il veut de son cul! »

« Calmat, l'ancien chirurgien, il a tout de suite été très déçu. Il a vu que ses collègues n'avaient rien dans le ventre! »

« Joxe, c'était le ministre de l'Intérieur et le sinistre de l'extérieur. »

« Roudy, elle a tout fait pour féminiser les mots. Un contremaître ça donne une contremaîtresse... Vous voyez l'embarras de madame Jospin. Maintenant y' a des femmes partout : à l'armée... des femmes, des camionneurs... des femmes, les dockers... des femmes! y'a plus qu'au bois de Boulogne que l'on trouve encore de vrais mecs! »

« Pasqua, il n'est ni de droite, ni de gauche. Il est du milieu. »

« Toutes nos putes sont brésiliennes, alors que nos Bretonnes, les malheureuses, font des crêpes à Perros-Guirec. »

« Les jeunes se défoncent aux herbes, pas françaises : péruviennes, colombiennes, marocaines. A quoi ça sert que Ducros il se décarcasse! »

« Bouchardeau : elle devrait faire un procès à ses parents. Elle va en cure de thalasso à Pierrelatte. »

« C'est un architecte chinois qui fait la pyramide du Louvre, l'Opéra de la Bastille un espagnol, la Villette un américain du sud... et Merlin et Ribourel, c'est de la merde! oui d'accord! »

« Roger Hanin, plus il tourne et plus les spectateurs se détournent. Il fait plus de sorties que d'entrées. »

« Trou de la sécu, des alloc. des Assedic... Bérégovoy c'est pas un bureau qu'il a laissé. C'est un golf! »

« Avec les femmes dans l'armée, j'entends déjà Bigeard : " Faites la guerre, merde! pas l'amour! " »

« C'est pas marrant d'être porte-parole de Mitterrand. Toujours enrhumé. L'autre c'est un vrai courant d'air qui fait beaucoup de vent! »

« *L'Unité* ça s'appelait ainsi parce qu'il n'y avait qu'un seul lecteur. Avec sa disparition *Le Matin* a doublé ses ventes. »

Fabius

« Une vraie tête d'œuf. Avec lui Mitterrand s'était dit : " Ils vont tout gober ". »

« Depuis il recherche du boulot Fafa. Il voulait rentrer chez Lustucru. Manque de pot, ils ne prennent pas les œufs fêlés. »

« Aux finances, il a bien réussi. Il a tout fait pour que le franc ne dépasse pas le dollar... »

« Il a inventé l'impôt sur les grosses fortunes. Pas sur les œuvres d'art. Il fallait tout de même pas se déshériter. »

« Il ressemblait tellement à Giscard qu'il a épousé une fille de diamantaire. Une demoiselle Castro. Là, il était assuré d'avoir une femme fidèle... »

« La femme de Fabius, elle l'appelle Fafa. C'est elle qui a inventé la mode des diminutifs. Bérégovoy c'est Bébé. Quand on voit la gueule du bébé on en veut à “ laissez-les vivre ”! »

Chez les Fafa (à la manière de Brel)

La carrière de Laurent,
qu'est l' plus diplômé
des stars de la télé
qui cause le mercredi,
de nos emmerdements,
avec monsieur Lanzi
dans le rôle du clown blanc.

Faut dire qu' chez les Fafa, m'sieur
on pense pas, m'sieur, on pense pas on [cause!

Et puis y'a la Françoise
qui ne fait pas d' façon
qui vient à Matignon
dans sa vieille Charleston
Mais crèche au Panthéon
se fournit chez Fauchon
Une fille à pognon
une enfant de la haute
qui vit mal dans sa peau
Faut pas jouer les pauvres quand on est [plein de sous...

Le Pen

« Le menhir n'est pas bon dans tous les dolmens. »

« Le Pen a toujours l'air constipé. A l'assemblée il s'est rendu compte que tous les waters sont à la turque. »

« Le Pen a adouci ses positions. Il est maintenant pour l'avortement : des femmes algériennes, tunisiennes et marocaines. »

« Quand il dit aux Français : " Mes idées sont les vôtres ", il les prend pour des cons! »

Thierry n'épargnait pas non plus ses copains du show-business, partant du dicton : « qui aime bien, châtie bien ».

Alice Sapritch

« Oui chéris, chéris! avec Jex Four j'ai pu éviter le pire, mais avec Shakespeare j'ai pas pu éviter le four... »

« Aux États-Unis, les gosses me reconnaissent. Ils m'envoient des pierres en criant : " E.T., E.T.! "... ça veut dire Sapritch, là-bas. »

« Liz Taylor, Farah Fawcett, Ava Gardner composent. Chéris, chéris. Moi je me décompose. »

« Un seul rôle me collait à la peau : la cousine Bête. »

« Quand j'ai fait mon strip-tease devant Montand, dans la "Folie des grandeurs". Je peux l'avouer maintenant, Montand s'était fait doubler ! »

Denise Fabre

« Mon plus gros problème avec l'arrivée des jumelles : apprendre à compter jusqu'à deux. »

« C'est la première fois qu'un pâtissier a épousé une tarte ! »

Line Renaud

« C'est mon anniversaire ! Je voudrais remercier les ouvriers qui m'ont aidée à enfiler ma robe, les plâtriers qui m'ont maquillée... Aujourd'hui les bougies coûtent plus cher que le gâteau. »

Les titres des parodies de Thierry/Line Renaud prouvent à eux seuls la vacherie de l'imitation :
– Dégueulasse Vegas
– Combien pour me refaire la vitrine ?
– J' bâille, j' bâille.

Pour son dernier spectacle *Le Luron en liberté*, Thierry avait, à leur demande, rangé ces trois dames dans la naphtaline.

Star à nouveau

Jouer à l'autruche emplumée
pour un loulou gâté
bye, bye...
Fini les stress de Vegas
et les strass dégueulasses
toute une vie à monter,
sans ascenseur, l'escalier
pour quelques obsédés
qui matent mes nénés
tout ça c'est terminé!

Paulette Merval et Marcel Merkès

Les pigeons sont là
à tous nos galas
roucoucou, couroucoucou,
devant d' faux décors
nous on s' fait de l'or
roucoucou couroucoucou...

Ils viennent tous nous voir en famille,
sur des brancards, sur des béquilles,
car avant tout, c' qui les rend fou
c'est l' jeune premier qui tient plus debout.

Les pigeons doivent croire
au couple sans histoire
coucouroucoucou
mais l' soir à l'hôtel
on casse la vaisselle
Couroucoucouroucoucou...

Devant nos toiles peintes souvent on s'endort,
pas besoin d' mogadon, on a Mogador,
mais les pigeons rapportent tant de blé,
qu'on est prêt, nous, de les chasser!

Jacques Chazot

Tata Chazot (à la façon d'Annie Cordy)

Tata Chazot, en tutu t'as l'air d'un macho
Tata Chazot, quand tu danses retire tes sabots
Tata Chazot, nous on t'aime pour tous tes
[bons mots
qui à l'Opéra, faisaient ting, ting, ting, ting, ting,
[devant les p'tits rats.

Claude Nougaro

Bourbon vide (chanson)

Regarde-la ma gueule,
ravagée au bourbon,
bourbon, bourbon je m'enfile
Gainsbourg à côté est mignon.
Pour que la chanson je pousse,
il faut que je sois bien bourré,
vingt-cinq bourbons sur le pouce,
et là, je me mets à péter
et quand je souffle dans le ballon
c'est de la nitroglycérine
Bourbon, bourbon, bourbon...

Guy Béart

Quelqu'un à flatter (chanson)

Y' a-t-il ici quelques godillots à cirer
moi je porte aux nues, faut qu'on s'habitue
Giscard est le plus grand, à moi d' le glorifier
et c'est sans problème que j'avoue que je
[l'aime.

Y' a-t-il ici quelqu'un à flatter
je m'en vis m'exécuter
y' a-t-il ici quelqu'un à flatter
j'ai tous les mots dans l' gosier.

Y' a-t-il ici quelqu'un à flatter
je m'en vais m'exécuter
Je suis un chanteur très engagé
engagé par l'Élysée...

Les compagnons de la chanson

Les pépères (chanson)

Nous avons un certain âge
la bedaine, le cheveu ras,
tenir le coup à notre âge,
j' vous l' dis c'est pas du nougat.
Les rockers font l' nettoyage
y'a plus un rat dans nos galas.
Nous voguons tous sur la même galère,
chanteurs populaires pour mémères et pépères,
on prend l'eau à bord de notre bateau
comme André Claveau ou Gloria Lasso...

Serge Gainsbourg

Chanson nauséabonde

Inutile de te dire que j' sens mauvais
ça fait bientôt des mois qu' j' suis pas lavé
A des kilomètres on m' sent arrivé
Je repousse du goulot, je sens des pieds...
Je commence à schlinguer le renfermé,
de caleçons je n'ai jamais changés,
ça fait bientôt des mois qu' j' porte ces [chaussettes
pour me prendre il te faudrait des pincettes...

Enrico Macias

Chante le nord (chanson)

Chante le Nord,
j' te l' dis mon vieux, ça peut te rapporter de [l'or,
chante le Sud,
j' te l' dis mon gars, t'as ta villa dans les [Bermudes,
chante l'Ouest
j' te l' dis mon frère, t'achètes des terres à [Saint-Tropez et chante l'Est
J' te l' dis fiston t'as tant d' pognon qu'tu [fais la sieste.

Moi mes millions sont bien placés,
j'ai des Cartier plein les poignets,
des toiles de maître dans les toilettes,
je mise en Bourse sur le couscous...

Richard Anthony

Siffler les copains (chanson)

Je suis un twister miteux
et qui swingue comme un gros bœuf
dès que j' l'ouvre j' prends des tomates dans
[la poire...
j'entends siffler les copains
qui me traitent de bon à rien
pourtant ce soir je suis sexy com' une baignoire...

Johnny Hallyday

Que je peine (chanson)

Pour garder la silhouette
de mes jeunes années,
moi je n'hésite pas,
à beaucoup m' dépenser
dès que je vois pointer
l'ombre d'un bourrelet
mes haltères au poignet
là je mets le paquet...
Que je peine, que je peine, que je peine!

Barbara

L'assommoir (chanson)

Chaque soir trois heures avant minuit,
vous êtes là complètement endormis,
j' sors du soir comme une chauve-souris
j' viens vous filer l' cafard,
on m'appelle l'assommoir...

6.

MARÉCHAL, LE VOILÀ! OU *LE RETOUR DE GLANDU*

Je pense souvent ce que M. Glandu pourrait dire aujourd'hui de ce qu'il a vu, entendu depuis le 16 mars 1986, premier jour de cette cohabitation historique. Les sujets ne manqueraient pas. Imaginons, si vous le voulez bien, le temps de quelques pages, que Thierry revienne endosser de nouveau l'uniforme du concierge de la rue de Bièvre. Un classique désormais : imperméable, béret, moustaches et binocles. Sans oublier un parti pris à toute épreuve. Il arrive.

Écoutons-le parler :

Bonsoir Messieurs-dames,

Inutile de me présenter. Glandu, je suis Glandu, Adolf Benito Glandu, Benito oui! comme le prénom du démocrate italien. Alors chez nous, c'est toujours le bordel! Mitterrand est toujours là, enfin quand je dis qu'il est là... Il revient de temps en temps pour faire tamponner sa carte de séjour, et hop il repart. Il gouverne le pays comme à La Redoute, par

correspondance... pendant c' temps-là l'argent des Fabius travaille aux Trois Suisses. C'est l'équilibre socialiste! Mitterrand c'est un homme d'équilibre. On a plus un président, mais un fléau.

Enfin, vous l'aimez bien Mimi, hein... (aucune réaction dans la salle...) Non! Les sondages sont truqués! Vous avez pourtant intérêt à vous y faire, y paraît qu'il a adopté la méthode du jokari... la balle avec l'élastique : plus loin tu l'envoies, plus vite elle te revient dans la gueule!

Et moi j'ai fait les comptes. Mitterrand était là sous la deuxième République, la troisième, la quatrième, la cinquième, numéro complémentaire le douze! On n'est pas prêt de s'en débarrasser!

En plus, il est un peu comme Monory pendant les grandes manifs d'étudiants, il perd ses facultés.

L'autre jour, il rentrait du Congrès de Venise. Je lui lance : « Alors, Monsieur le Président, c'est comment Venise? » Vous savez ce qu'il me répond : « Quel moral ces Italiens! On est arrivé là-bas, Venise était inondée, eh bien les Italiens chantaient encore... »

Il va pas bien...

Faut voir comme il voyage. Il est allé au Portugal, pour remonter le moral de Linda de Suza. Vous voyez ce que ça nous coûte tout ça. Vous avez écrasé une larme vous, sur le drame de Linda de Suza, avec sa valoche en béton... Chassez le naturel, il revient au galop, elle a fait le ménage... même et surtout chez les spectateurs. Place nette. Plus rien!

Avec Mimi, Linda a parlé du drame de la

jeunesse portugaise. Si c'est pas malheureux tout ça. Au XXe siècle! Une vraie misère que la sélection du bébé portugais à la naissance. Le père l'empoigne, il le balance contre un mur, violemment. Celui qui s'agrippe est carreleur, celui qui tombe est plâtrier c'est tout!

Linda est tombée dans le seau avec la serpillière : « Tu seras femme de ménage, ma fille! »

Pour se consoler de tous ses malheurs, Linda voulait faire le Paris-Dakar, ils n'ont même pas voulu. Ils avaient peur de la retrouver ensablée... la Portugaise! Il est marrant le père Glandu, non!

Non, mais Mimi il n'est jamais là. Tiens cet été, il essayait nos avions. Les Canadair, sur la Côte d'Azur. Là j'ai fait une prière : « Mon Dieu faites qu'ils nous le larguent avec la flotte!... »

Ils n'ont pas pu. Il y avait risque de pollution pour la région... Vous vous rendez compte.

Jamais là! Toujours fourré avec Helmut. Soit c'est Mitterrand qui va chez Helmut, soit c'est Helmut qui vient chez lui. Qu'est-ce qu'ils foutent ensemble? Ils vivent à la Khol... avec Helmut!

Quelle santé tout de même! Au début on nous avait dit : vous ne l'aimez pas? Rassurez-vous, il est très malade. Mon œil! j'irai pas jusqu'à dire qu'il a une santé " defferre ", mais il refuse toutes les ordonnances, c'est un signe... Remarquez, il est prudent Mitterrand. Il a fait supprimer la rose des affiches socialistes, il a eu peur d'attraper le Sida.

C'est Jack Lang qui lui a dit :

« Mon président, d'après ce que j'ai lu dans

Vogue Hommes, le Sida s'attrape essentiellement par les pines... »

Mitterrand lui a dit : « Oh là, là, j'ai peur, virez-moi la rose!... » Il comprend pas tout.

Enfin chacun fait ce qu'il veut avec son cul!

A propos de Lang, c'est vraiment dommage que l'on ne l'ait pas gardé.

L'autre jour, y' a un journaliste qui lui demande :

« M. Lang, en tant qu'ancien ministre de la Culture, si Beaubourg brûlait, quelles sont les trois œuvres que vous sauveriez en priorité? »

Vous savez ce qu'il nous répond, notre Jack?

« Les trois les plus proches de la porte! »

Il est atteint par la retraite. Lui qui entend sans arrêt « aboyer les vieux chevaux de retour de la droite... »

Il entend aboyer les chevaux!... Monique doit le traîner aux courses de lévriers, c'est pas possible!

Pour tout vous avouer, je crois quand même qu'en 88, je voterai pour notre François. Il est bien François, mais il a pas de bol. Il est très humain, notre Miteux.

Regardez, quand il a décidé lui tout seul d'envoyer pour Noël un cargo de préservatifs aux petits Éthiopiens. J'étais fier, hein Bidou. Bidou c'est mon chien. Brave Bidou. Mon chien est noir, et l'on m'accuse d'être raciste! Ça va pas la tête!

Les Éthiopiens reçoivent le cargo, et lui renvoient le tout avec ce petit mot : « Merci de votre geste Monsieur le Président, mais on vous renvoie les imperméables... chez nous il ne pleut jamais! »

C'est quand même décourageant.

Non vraiment, qu'est-ce qu'il est bien notre Mimi. Qu'est-ce qu'il a fait pour les pauvres! Il les a multipliés d'abord pour qu'ils se sentent moins seuls. Vous, ça va dans vos boulots. Vous gagnez encore un peu d'argent...

Chez nous les concierges c'est terrible. Oui madame! La preuve! Pour les vacances de juillet-août, j'ai plein de collègues qui n'ont même pas pu envoyer leurs épouses au Club Méditerranée : obligés de les baiser eux-mêmes!... Y'a plus d' sous! Chacun fait ce qu'il veut avec... hein!

Y'a pas à dire Mitterrand, il est bien avec les pauvres. L'autre jour, là, je sortais les poubelles. Mitterrand se baladait sur le trottoir, comme à son habitude, tout seul, juste suivi par cinquante cars de CRS. Simple et tout. Y'a un pauvre qui s'est approché de lui. Mais pauvre! pauvre! pauvre! on aurait dit Poperen dans un an, un an et demi! Il voulait lui causer, le pauvre : « Parlez-moi, pauvre mais faites vite... » qu'il dit Mitterrand. « Mon Président, j'ai rien mangé depuis dix jours! » « Eh bien, forcez-vous mon vieux!... » qu'il lui répond du tac au tac!

Remarquez, ça ne vaut pas Krasucki. Krakra, en plein hiver, vous savez ce qu'il leur a balancé :

« Il est intolérable de voir nos pauvres mourir de froid... à petit feu. »

Ça vaut bien une petite flambée, non!

Enfin Mimi, il nous a pas toujours menti. Il a dit :

« J'ai trouvé la France dans le caniveau, et je l'ai relevée... »

C'est vrai qu'il l'a mise sur le trottoir. Personne ne peut affirmer le contraire. Tiens pour l'égalité des Français, quand il a vu que par malheur il n'y avait plus de travail en Bretagne, il s'est arrangé pour qu'il n'y en ait plus non plus... en Lorraine.

Non, il est bien Mitterrand!

Quand je pense que l'on ne parle plus que du déclin de la France, c'est honteux, nous avons quand même des sociétés qui marchent, on ne voit que ça : « Mac Donald, Sony, Ford... » On les vend même à l'étranger!

A propos de voitures, les Français n'achètent plus de voitures françaises. Qu'est-ce que vous avez comme voiture, vous madame. Française, hein... Vous voyez, elle le dit tout doucement, elle a honte d'avoir une voiture française... C'est vrai, on passe pour un con quand on a une voiture française... moi je n'achète que ça. Ma dernière avait dix ans. Je l'ai vendue comme neuve! comme neuve! Elle n'a jamais voulu démarrer! Je vois le locataire du premier, il s'est offert une Mercedes. Une allemande. Cet été, il avait tellement chaud qu'il a voulu mettre l'air climatisé... dans une Mercedes. Deux briques : l'air climatisé! Alors il essaye le toit ouvrant. Une brique : le toit ouvrant! sur une Mercedes... alors que nous, madame, dans nos bagnoles françaises, on a l'air frais qui passe par le bas des portes!

Vous avez remarqué : les Allemands ont perdu la guerre, ils roulent en Mercedes, nous on l'a gagnée, on est tous en 2 CV. Ça donne à réfléchir pour la troisième!

Moi, j'ai tout essayé comme voiture.

Y'a un CRS là devant, qui m'a dit :

« M. Glandu, faut acheter une voiture électrique. » J' vous l' conseille pas. C'est pas cher à l'achat, mais alors en rallonges!...

Après j'ai eu une combine. La voiture de collaborateur d'usine. Elle est de l'année, elle a trois cents kilomètres. Comme neuve! et vous la payez jusqu'à deux briques de moins... manque de pot, je tombe sur le véhicule d'un délégué CGT... : des emmerdements avec la direction, sans arrêt, sans arrêt, sans arrêt... Alors je me suis acheté la Renault Super 5. Vous l'avez vue, non?

Remarquez, il faut une bonne vue pour la repérer. Ils la vendent avec le chausse-pied qui va avec, pour rentrer dedans. C'est une merveille d'économie. Vous faites la première révision à 10 000 kilomètres, autant dire que vous ne la faites jamais. Sauf miracle! Vous allez au garage pour un contrôle de routine, ça ne vous coûte rien : ils ne trouvent jamais les routines! Tout manque. Quand je pense qu'aujourd'hui il y a des cons qui s'achètent ça sur 60 mois, ils passent quatre ans à payer le volant et le klaxon, c'est tout ce qui reste!

Gérard, le chauffeur de Mimi, il a trouvé encore mieux. Il a acheté une voiture qui a les mêmes qualités que les nôtres, 95 % moins cher. Oui! il a acheté une voiture russe!

Je suis comme vous, je ne savais même pas que les Russes avaient des voitures... Quand on voit

Sakharov, il est toujours à pied. Ce doit être pour prendre le bon air... Sakharov, le bon air! (Rires dans la salle.) Vous voyez bien qu'il y a deux, trois dissidents qui ont pu sortir, ils ont compris l'astuce...

Il a acheté une Lada. On m'a dit que Dédé Lajoinie, Dédé Lajoinie le kamikaze du PC s'en est commandé une. Une Lada 4 × 4, il lui faudra bien ça, elle est capable de remonter des pentes à 9 %.

Mais attention, elles sont dangereuses les Lada, surtout dans les virages à droite... elles vous déportent instantanément. Pas confortables non plus, vous faites cinq cents mètres avec, vous en ressortez, mal partout tout Courbatchev!... et l'hiver pas de chauffage, gelé comme un gros Miko. Mais le pire sur les Lada, c'est leur poids. Impossible de les pousser. C'est lourd. Et pourtant, sur les modèles d'exportation, les Russes font des efforts : ils suppriment les chenilles et la tourelle...

Moi, finalement, je rachèterai une voiture française quand Bernard Tapie aura racheté l'ensemble de notre production automobile. Il est bien Tapie, hein? Il est partout. Il fait lui-même la pub pour ses propres produits. Il l'a dit : « Je suis le seul à pouvoir incarner mes produits. »

Aujourd'hui il marche à la Wonder, je sais pas ce qu'il va faire s'il rachète les bas Dim! Il fait de l'or avec tout, Tapie.

Il y a huit mois, il rachetait une usine de papier carbone en faillite totale. Les ouvriers à l'ANPE, les gosses à la rue, les femmes sur le trottoir... Du Zola. Pas Gorgon... Émile... son frère, l'écrivain. Eh bien,

Tapie a relancé l'affaire. En quatre mois de temps, les carbones, il les vend comme Kleenex. Oui, les carbones comme Kleenex : en Afrique noire. Et ça marche! Fallait y penser.

Il nous manque, Tapie, dans le gouvernement de cohabitation. Ça pour cohabiter, ça cohabite... de travers. Mais ça n'aura pas de descendance, ils se font tous des enfants dans le dos.

Vous l'aimez vous, le gouvernement Chirac, hein? (La salle se tait.) C'est l'enthousiasme! Vous êtes tous aiguilleurs du ciel non? Pourtant, il faut reconnaître un truc, c'est la jeunesse de nos ministres. Bravo, Chichi! On avait pas vu cela depuis longtemps. Tous des mecs de quarante ans. Quand on voit la sortie d'un conseil des ministres, ils sont tous là, jeunes, guillerets, pimpants... On se dit qu' c'est sûr, ils ont quarante ans, enfin quarante ans de maison, au moins! C'est vrai hein, quand on pense à Pasqua, Pandraud, Balladur, Pons, Monory... Remarquez, c'est plus jeune que Mitterrand. Souvenez-vous! Lui, il était carrément allé au Panthéon! La tronche de Mimi au Panthéon!

On ne savait pas s'il y rentrait ou s'il en sortait définitivement. Accompagné déjà par Huguette Bouchardeau. Pouah! et l'on s'étonne en voyant ça qu'il y ait autant de cas de Sida en France.

Quand je pense qu'ils l'avaient collée ministre de la Nature, et qu'elle l'avait accepté. Elle n'était pas rancunière. Faut dire que c'était tout de même bien choisi. Hein? Huguette c'est la Nature en personne. Sa tronche c'est déjà toute l'érosion du plateau de Millevaches... Moi, je l'aurais mise à la Santé.

Huguette Bouchardeau fut en effet, d'après ce que j'ai entendu, rue de Bièvre, l'autre jour en faisant mes courses. Elle fut le premier bébé éprouvette français... Oui, monsieur, même qu'elle aurait un peu attaché au fond de l'ustensile, ce qui explique les secousses quand elle cause!

Parce qu'à l'époque, on faisait les gosses à la pipette. Aujourd'hui on les fait *in vitro*. Ça fait d'ailleurs hurler les curés. Ils le disent dans les vitraux surtout pas! Si vous pouviez regagner la sacristie comme avant!

Moi vous savez, foi de Glandu, j'ai les jetons. La technologie de pointe en matière de natalité va donner lieu à tous les excès. Toutes les conneries sont possibles. Y a plein de jeunes qui comprendront rien au film! La semaine dernière, dans ma rue, on a retrouvé le fils du boucher, et sa jeune épouse, morts. Enlacés, raidis! Enfermés dans leur congélateur par moins cinquante degrés. Ils voulaient faire un embryon surgelé! Les cons! Ils étaient tellement naïfs, qu'ils auraient aimé des triplés. Trois garçons surgelés. Ils avaient déjà les prénoms des petits: Paul, Émile, Victor... pour rendre hommage à l'aventurier qui se les gelait sur la banquise. C'est dingue. Enfin chacun fait ce qu'il veut avec son cul!

Non vraiment on a des jeunes au gouvernement. Tenez au hasard. François Léotard. Vous voyez qui c'est Léotard... mais si! le chef de cabinet de Jack Lang à la Culture. L'ancien moine! Le coureur de fond! Quand il nous dit ça, j'ai toujours la trouille. Aï! Aïe! Aïe! Le coureur de fond, je me dis que s'il se gourre dans les mots, il va nous dire qu'il est fourreur de...!

C'est à Léotard que l'on doit les fameuses colonnes de Buren. Ça, il a dit : je ne peux pas y toucher aux colonnes. C'est le symbole de la cohabitation tranquille : « C'est Lang qui nous a fait le bébé, c'est moi Léotard qui l'a élevé, et c'est vous, les couillons de Français qui payez la nourrice! »

Un milliard six cents millions!... Heureusement qu'elles ne sont qu'en noir et blanc, parce qu'elles seraient en couleur... je ne sais pas combien cela nous aurait coûté. Un milliard et six cents millions, ça fait quand même cher pour une pissotière pour chien. Quoique les chiens ils ont compris. Prenez mon Bidou... hein Bidou, il va plus pisser là-bas, il revient mort d'épuisement. Hé, il y a quand même 260 colonnes à arroser, c'est pas rien!

Enfin, vivement qu'ils démolissent l'affreux Palais-Royal, qui enlaidit nos si jolis petites colonnes...

Ce brave Léotard, il est quand même bien, lorsqu'il ne boude pas... Remarquez quand il ne boude pas, il fait des marathons.

Avant quand il était dans l'opposition, il était sponsorisé par Yoplait. Il se voyait Premier ministre. Il buvait du petit-lait... Maintenant il est sponsorisé par William Saurin, il pédale tellement dans la choucroute depuis qu'il est à la Culture... Il est sympa l'ancien moine, tout de même.

L'autre nuit, j'ai fait un cauchemar, j'ai rêvé que Chirac s'était trompé dans les prénoms. Qu'à la place de François, il avait choisi Philippe, le frère, l'acteur. Il ne boit pas que du vin de messe, lui! Il a une tronche... On a l'impression qu'il a joué dans Rocky, Rocky 2, Rocky 3, Rocky 4, mais dans le rôle du punching-ball!

C'est à Léotard que l'on doit la télé privée.

Qu'est-ce qu'ils ont été longs à se décider. Rien ne se faisait, à un moment je me suis dit : on va être acheté par un groupe arabe.

Vous vous souvenez. On entendait des noms, Tapie, Bouygues, Hachette, Decaux. Rien ne se passait.

Les Arabes, eux, ils étaient organisés, ils ont la monnaie, les studios... Bref, ils entendaient sans arrêt parler de : Tapie, Hachette, Tapie, Hachette! J'me suis dit : Hachette, Tapie, Hachette, Tapie, ils vont rappliquer. L'instinct. Au moins ils n'auraient pas supprimé les mires!

Non mais, vous imaginez les programmes à la sauce arabe! Qu'est-ce qu'il y a comme film ce soir, madame Glandu?

« Les ramadans de la mer! »

Assez! la semaine dernière on a eu « Mosquée des Brumes », puis « Garbit le magnifique ». Ça suffit!

Le seul truc bien, ç'aurait été pour les opérettes. Génial! Ils adorent ça. Celle qui marche le mieux là-bas : « Embrasse-moi sur la babouche! » avec le couple Merguez-Merval...

Le seul qui aurait gardé sa place : Bruno Masure! Il a le nom qu'il faut là où il est. Il s'appelle Masure, et il travaille pour l'homme des maisons Bouygues... Lui l'avait dit, si ce sont les Arabes, pas de problème, je me fais naturaliser. Gourbi. Bruno Gourbi qu'il se serait appelé!

Ils sont bien les journalistes à la télé. Y a Mourousi, le plus impartial de tous, mais lui devient aphone... Il va falloir le faire sous-titrer par Antiope. J'aime bien Marie-France Cubadda, badda, badda... elle, elle n'a pas de métier, ça fait bientôt deux ans qu'elle présente le journal télévisé de dos, elle ne s'en est même pas aperçu! Et puis les nouvelles par Marie-France, l'autre jour elle dit texto : « Par suite de la tempête, l'île de Sein, manque de lait! ». Vous trouvez que ça fait sérieux, vous! J'allais oublier Joseph Poli. L'alibi de l'info sur TF1. Ils ont besoin du gros Poli pour paraître honnêtes! On dirait le frère de Bouchardeau en soufflé! Grâce à lui, les femmes de France retrouvent l'amour... ben dites donc, après le 23 heures, tous les mecs de France paraissent baisables! Celui qui me manque le plus, c'est quand même Gicquel. Il était idéal pour redonner le moral. Tenez, moi, quand j'ai perdu toute ma famille dans un accident de voiture, le soir Gicquel passait à la télé... Je me suis dit : réagis Adolf Bénito, y a quand même plus malheureux que toi! Vous vous imaginez un face à face Gicquel-Jean-Claude Bourret. Bourret, il commence à perdre le sourire au-dessus de 50 000 morts. Il a la banane permanente, c'est pour cela qu'il se maintient sous tous les régimes! Avec son élégance discrète : cravate rouge, chemise verte, veste orange. Ils s'en servent chez Darty pour régler les couleurs.

Moi, j'aime bien Zitrone aussi. Quoique l'on ne le

voie plus. Depuis les derniers « Interneige », il attend à Megève sous un pylône. Il croit que c'est la télécabine, alors que c'est la haute tension. Personne n'a osé lui dire...

Ce que je ne rate jamais à la télé, c'est le sport. Ils sont pourtant nuls nos sportifs ! Prenez Noah ! il ne joue jamais, un coup c'est le coude, un coup l'épaule, un coup le poignet. La série noire quoi ! Alors il se consacre surtout à son restaurant new-yorkais. Pas terrible. Il n'y a aucun service.

Et le Tour de France... d'où il est parti cette année, le Tour de France ? De Berlin !

Et avec tous les emmerdements rencontrés sur la route : les manifs, les Basques, etc., le prochain parcours du Tour de France me laisse baba : Berlin, Luxembourg, Suisse. Là ils seront peinards !

La natation vaut pas mieux. L'autre jour, je regardais les championnats de France de natation, le speaker jubilait. Je me dis : tiens, on a dû battre des records. Pensez-vous, il jubilait parce qu'il n'en avait pas eu de noyés ! Nuls, nos sportifs !

Quand j'ai lu que Jacques Chirac voulait organiser les Jeux Olympiques à Berlin... dans quel pétrin, le pauvre, il se serait fourré ! Il accumule les catastrophes, Chirac. Souvenez-vous : les bombes, la neige, les manifs, les grèves, Mitterrand en permanence ! que des catastrophes... enfin ça va aller mieux, il vient de faire inscrire la France à Europ Assistance ! et puis il a sa nouvelle voiture de fonction, une marche avant, cinq marches arrière...

Ce qu'il faut faire chez nous, ce sont les Jeux

Olympiques de la politique. Vous vous imaginez. Imbattables...

Aux skis, slalom géant : Edgar Faure. Gauche, droite, gauche, droite. Il est le plus fort, avec en plus le casque incorporé d'origine.

Au tir : Marchais. A l'air comprimé. A l'air comprimé! il a au moins deux médailles d'or.

Au tennis : Chirac. Très peu de coups droits, mais alors des revers, des revers, des revers!

Et à l'aviron : Mitterrand! Qu'est-ce qu'il rame depuis six ans!

Je ne sais même pas si l'on a un bon ministre des Sports. En tout cas, il doit bien valoir Edwige Avice. Vous vous souvenez Edwige Avice. Quand pour la première fois, elle a lu la charte olympique. La honte! Elle était là : O! O! O! elle lisait les anneaux!

Sinon, au gouvernement, nous avons de très bons ministres. Prenez Monory. Ministre de l'Éducation nationale, il n'a même pas son certificat d'études. Et il en est très fier. Il le dit à la cantonade : « Je suis didacte, complètement didacte... » Heureusement qu'il trouve toujours un journaliste pour lui rappeler qu'il tenait un garage à Loudun? « Bon ma vie se résume ainsi : Auto-Didacte... » C'est comme cela qu'il a appris le mot! Pour l'embêter, des étudiants, lors des manifs, ont ressorti ses devoirs d'histoire. Il avait dix-sept, dix-huit ans, et redoublait le CM2.

Question : « Quel est le nom de l'empereur sanguinaire qui terrifia Rome? » Réponse du petit

Monory : « Coagula ! » Ça fait pas sérieux tout de même.

On a Chalandon aussi, à la Justice. Moi, je l'aurais mis aux Finances, avec ce prénom-là, Talbin : Talbin Chalandon. C'est lui qui est chargé de construire nos nouvelles prisons, si c'est dans le même matériau que ses chalandonnettes... Vous vous souvenez des chalandonnettes. Très en avance sur Merlin et Ribourel... Elles s'écroulaient beaucoup plus vite ! Vous éternuez dans un QHS et hop, dehors, le mur s'effrite... Alors le grand truc de Chalandon, c'est de privatiser nos prisons. Les sponsoriser ! Vous voyez les gueules des condamnés. Vingt ans dans un bâtiment où des panneaux publicitaires indiqueraient : « Vittel, l'eau neuve de vos cellules ! » ou « Club Med, évadez-vous ! ». Ça ne tient pas debout.

Et Pasqua. Monory c'est un peu Galabru. Krasucki c'est complètement Bourvil. Si, si Bourvil... dans le Corniaud ! Pasqua... au fait, vous l'aimez Pasqua ? (Une voix s'élève dans la salle : oui !) Vous avez vos papiers, les autres ! Pasqua, lui, c'est Fernandel, dans *La Cuisine au beurre*. Ça les beurs il sait les cuisiner. C'est simple depuis les dernières manifestations, il a débaptisé les CRS. Ce ne sont plus les compagnies républicaines de sécurité, mais les compagnons des ratonnades sereines. C'est pour cela que nos émigrés sont en jogging. Faut qu'ils cavalent !

Quel parcours Pasqua ! Ancien représentant de chez Ricard. D'ailleurs il lui en reste quelque chose. Sa façon de découper le pays, pour les prochaines élections. C'est comme Ricard : « Un volume de PS, pour sept volumes de RPR... » Après, il a dirigé le Service d'Action Civique. C'est d'ailleurs pour cela que Chirac l'a pris. Chirac s'est dit, un gouvernement de cohabitation, voilà un poids terrible sur les épaules, sans Pasqua je risque de me mettre en plus le sac à dos!

Depuis qu'il est à l'Intérieur, Pasqua contrôle sans arrêt, sans arrêt! A Paris, par exemple, si vous voulez bouffer à vingt heures, il faut partir à midi. L'autre soir, on se baladait avec Mme Glandu, quand on se fait arrêter par trois CRS bornés!

C'est un pléonasme, hein! Le plus con des trois m'intime l'ordre de descendre de voiture. Je suis descendu. Comment vous le décrire? Il était armé jusqu'aux dents. Roger Hanin dans « Rambeauf! » Faut faire gaffe, ils tirent n'importe comment et sur n'importe quoi! D'ailleurs, si le soir, vous voulez être peinard, ne pas redouter les bavures. Un conseil. Faites comme moi. Je ne sors qu'avec mon vieux pneu sur la poitrine. Jamais ils ne tirent dans les roues! Le flic m'avait reconnu. Monsieur Glandu qu'il me dit : « Soulevez-moi ce capot ». Je le soulève. « Qu'est-ce que vous avez sous le capot? » La question est conne, tout de même!

Je lui dis : « Un moteur ».

Il n'en avait jamais vu. C'était bien ma veine. J'étais tombé sur un flic îlotier. Les plus cons de tous. Les îlotiers. Ils passent leurs journées à poursuivre les grosses BMW à bicyclette. Ils n'ont rien dans la tête, mais des mollets énormes!

« Faut que je verbalise, monsieur Glandu! Qu'est-ce que vous avez dans le moteur? »

« Un arbre à came », je lui réponds.

Paf, trafic de drogue. Je soulevais le coffre arrière, j'avais des clefs à pipes... C'était outrage aux bonnes mœurs!

J'en ai voulu à Pasqua ce jour-là. Heureusement qu'il nous annonçait de bons chiffres sur la chute des taux d'agression dans le métro. En février, mars, avril 1987. Remarquez le métro ne roulait pas. Il était en grève!

Vous prenez le métro, vous madame? Faites très attention, d'après les chiffres de M. Pasqua, l'endroit le plus dangereux dans le métro est le wagon de queue. Le wagon de queue! Il va le supprimer. Chapeau, Pasqua!

Non, là où j'ai eu vraiment peur, c'est avec le nuage de Tchernobyl. Pas vous? Aussitôt, pour nous rassurer, ils nous ont dit que cela ne pouvait pas arriver en France.

A l'étranger oui! en France non!

C'est vrai qu'il y a plein de trucs qui arrivent à l'étranger et qui ne peuvent pas arriver en France.

Tenez au hasard. Le boom économique américain, ça ne peut pas arriver en France, ça!

Avoir une grande équipe de foot, ça ne peut arriver en France, non plus! Remarquez on a quand même quelque chose qui ne peut pas arriver à l'étranger : le livret rose de la Caisse d'Épargne. Vous voyez ça en Suisse. Ils n'ont pas assez de pauvres. Ils devraient les importer!

A propos d'épargne, que fait Brigitte Bardot? Il faut qu'elle porte plainte contre M. Balladur. Après Delors, après Bérégovoy, c'est Balladur qui maltraite notre écureuil. Il fait tout pour réduire les noisettes de cette pauvre bête! C'est pas malheureux ça!

Ce qui m'a rassuré avec Tchernobyl, c'est la tête de Madelin, notre ministre de l'Industrie. Pour nous prouver qu'on ne risquait rien, il était passé sous le nuage. Il avait le sourire, oui il était souriant, irradié même! Irradié! Cette année l'on fête le premier anniversaire de ce foutu nuage en faisant fuir les nôtres. Pierrelatte, Creys-Malville, ça dégouline de partout au grand dam de Madelin qui croyait nos centrales protégées par la quadruple sécurité. La quadruple sécurité, un système sophistiqué unique au monde. Et ça fuit! Il faut vous dire que c'est ramadan, les quatre sécurités font leurs prières dans la cour de l'usine!

Tout ça va peut-être changer avec l'arrivée de Raymond Barre. Vous y croyez au retour de Raymond? « Je suis comme l'extra-terrestre de la politique »... Le gros homme vert! Dites-moi l'extra-terrestre, il a la mémoire courte, aux dernières élections il a raté la soucoupe, mais il a pris la tasse.

A propos d'engins extra-terrestres, vous avez vu les canisettes de Jean-Claude Decaux? Les motos anti-pollution canines. Elles font peur à mon Bidou. Les types qui pilotent ça, sont des malades, pourtant ils ont fait des études : « Sciences-po » au moins!

Avec eux, ça se passe toujours de la même façon.

Je suis à la fenêtre de ma loge, pour guetter Mimi. Le mec arrive avec sa moto. S'arrête devant moi, fait le point mort. Les moteurs tournent à fond : « Vroom, vroom, vroom! » J'ai la trouille. Je me dis si jamais ça éclate son truc! Et il y a dû avoir des accidents, ils sont tous en cirés là-dessus! Et ça ne fait pas de détail. La charcutière du 18 avait un délicieux yorkshire... Hop dans la moto! C'est pour cela qu'on ne voit plus Jobert sur les trottoirs! Il a la pétoche!

Non, en réalité, d'après ce que m'a dit Jean-Louis Bianco, Jobert est actuellement au Japon. Chef-d'œuvre de miniaturisation!

Les Japonais l'appellent la maquette humaine! Si tout est à l'échelle, Mme Jobert n'a pas dû rigoler tous les jours. Bonjour les jumelles! Les Japonais veulent nous breveter Jobert : ils vont en faire un walkman à pattes... Il nous manque!

Vous savez que Rika Zaraï a voulu lui donner un bain de siège. Dans la bassine. Il a fallu lui faire du bouche-à-bouche, Jobert, il n'avait plus pied.

Vous ne l'avez pas lu le bouquin de Rika. Ma femme, Mme Glandu, l'a dévoré. C'est sérieux, Rika a fait toutes ses études de médecine à... Rungis. Elle guérit tout par les légumes et les plantes.

Le premier critique qui lui rentre dedans, Poirot Bellepèche, elle n'a rien compris du tout! Mais sinon, ses remèdes marchent bien. Ça fonctionne. Même les politiques s'adressent à elle. Giscard est venu la voir pour que ses cheveux repoussent.

Elle lui a conseillé une cure de salade. De la frisée! avec des lardons en plus, pour les mômes...

Alain Peyrefitte, toujours très gêné par ses oreilles décollées, Rika lui a préconisé le cerfeuil! Il paraît que c'est impeccable... En tout cas pour l'intelligence de tous ces messieurs, il faudrait supprimer l'estracon. Hein, l'extracon! Parce qu'il faut écouter ce qu'ils racontent.

Prenez Marchais. Qu'est-ce qu'il déclare Marchais?

« Je n'ai qu'une idée, et je n'en ai jamais changé, je n'en changerai jamais. Je suis pour le changement. »

Et Krasucki :

« Il n'y a que les imbéciles qui ne changent jamais d'idées, à ce propos c'est mon idée depuis toujours... »

Jack Lang, ministre de la Culture : « Moi, j'ai dit à Noureev, la prochaine fois, prenez-moi des danseurs plus grands, ça leur évitera de danser sur la pointe des pieds! »

Je n'oublie pas Huguette Bouchardeau : « L'Europe ça va, les bourses sont en plein travail et l'écu reste ferme... »

Quant à Raymond Barre, c'est le bouquet : « Même si je suis élu, je ne serai jamais l'instrument qu'on agite entre les partis. » Vu son poids, on l'a échappé belle!

Et il ajoute qu'il faut « mettre un frein à l'immobilisme »!

Mais le seul qui n'ait jamais dit que la vérité, c'est Jean Lecanuet. C'est marrant Lecanuet, il me fait penser à l'omelette norvégienne. Figé dedans, plein de mousse dehors. Vous savez ce qu'il a osé affirmé Lecanuet?

« Moi j'ai commencé avec ma seule intelligence. C'est-à-dire rien! » Là au moins, il ne nous mentait pas!

Quant à Juquin, lui c'est autre chose : « Mon appareil existe bel et bien, et il grossit un peu plus chaque jour...! » Bravo madame Juquin!

Chacun fait ce qu'il veut avec son cul...

REPÈRES CHRONOLOGIQUES

- Né le 2 avril 1952 à Paris.
- Le 10 octobre 1969, premier spectacle à « l'Oasis de Calais ».
- Remporte le « Jeu de la chance » à la télévision (Télé-Dimanche) le 4 janvier 1970, huit semaines.
- Débute à l'Échelle de Jacob, au Théâtre des Dix Heures, au Don Camillo, à Bobino en lever de rideau (octobre 1970).
- Trente représentations à l'Ancienne Belgique de Bruxelles (décembre 1970).
- Olympia en vedette anglaise (mars 1971).
- Premier album : « La Chabanisation et le ministère patraque ».
- A la radio, sur RTL : « La minute de Thierry Le Luron. »
- Bobino, en vedette (soixante représentations février-mars 1972).
- Deuxième trente-trois tours : « Bobino en public. »

– Tournée d'été avec Claude François (été 1972).
– Producteur animateur de « Le Luron du dimanche » sur la première chaîne (huit mois).
– Interprète du rôle de Trissotin, à Pézenas, pour le tricentenaire de Molière (1973).
– Troisième trente-trois tours : « Les chevaliers du ciel » (opérette).
– A la radio sur Europe 1 : « Le Luron d'Europe 1. »
– Récital au Théâtre des Variétés, cent vingt représentations (décembre 1973-mars 1974).
– Quatrième trente-trois tours : « En direct des Variétés. »
– Tournées et TV (1975). Été avec Coluche en co-vedette.
– Cinquième trente-trois tours (pour enfants) : « Thierry et les petits lapins. »
– A la radio, RMC : « Le Luron de l'été » (été 1975).
– Retour au cabaret Don Camillo (1975).
– Gala sous le Grand Chapiteau des Tuileries d'Yves Mourousi (juin 1976).
– Olympia : trente représentations (décembre 1976).
– Sixième trente-trois tours : « La société libérale est complètement avancée. »
– 45-tours avec Pierre Desproges : « Causerie au coin du feu. »
– Premier livre chez Flammarion : « Comme trois Pommes », écrit avec Guy Monréal (1978).

- Septième trente-trois tours : « Retrouvailles », chansons.
- Tournées et TV.
- Quatre-vingts représentations à Bobino (février-mars-avril 1978).
- Huitième trente-trois tours : « Bobino en public. »
- Tournée Karsenty (septembre-octobre-novembre-décembre 1978).
- 45 tours avec Pierre Douglas : « Le débat du siècle. »
- A la radio, sur France Inter : « Les parasites sur l'antenne. »
- Récital à Marigny, deux cents représentations (novembre 1979-juin 1980).
- Neuvième trente-trois tours : « Le Luron à Marigny. »
- A la radio sur France Inter : « Le Luron du midi. »
- Palais des Congrès : « Thierry féeries » (novembre-décembre 1980), quarante représentations.
- Dixième trente-trois tours : « Les chansons du Palais des Congrès. »
- 45-tours avec Philippe Bouvard : « Les grosses têtes présidentielles. »
- A la radio sur France Inter : « Thierry aux éclats. »
- Tournée avec « C'est du spectacle », Antenne 2. Treize émissions mensuelles (décembre 80 à décembre 81).

– 33-tours avec Philippe Bouvard : « Les grosses têtes. »
– Producteur-animateur du show du 31 décembre 1981, sur Antenne 2.
– Présentation de la « Nuit des Césars » sur Antenne 2 le 27 février 1982.
– A la radio, sur Europe 1 : « Les lurons d'Europe 1 » avec Bernard Mabille et François Diwo.
– Le 8 janvier 1983, invité d'honneur de Michel Drucker à « Champs-Élysées ».
– Le 21 janvier, débute à Marigny pour cent représentations : « De de Gaulle à Mitterrand. »
– Prolongations jusqu'au 12 juin.
– 4 juillet au 5 septembre 1983 : tournée d'été du Podium d'Europe 1.
– 16 septembre au 31 décembre 1983 : 100 nouvelles représentations à Marigny.
– Nouvel album : Le Luron « De de Gaulle à Mitterrand ».
– Du 6 janvier au 15 mai 1984 : Tournée Karsenty (84 villes).
– Sortie d'une cassette vidéo : « Les Interdits politiques de Thierry Le Luron. »
– 1er avril 1984 : Invité d'honneur du Grand Jury RTL-*Le Monde*.
– Du 22 mai au 4 juin, tournée en Afrique francophone.
– Du 4 au 16 juillet 1984 : tournée au Québec. Festival du rire.
– Du 4 au 28 août 1984 : Podium d'été Europe 1.

- 10 octobre 1984 : Carnegie hall (New York) pour ses quinze ans de carrière.
- Les samedis de 12 à 13 heures : « Les fausses conférences de presse » sur RTL.
- Sortie chez WEA du « Smurf politique ».
- 10 novembre 1984, à « Champs-Élysées » de Michel Drucker, naissance nationale de « Monsieur Glandu ».
- « L'Épingleur épinglé », éditions Sylvie Messinger.
- 16 novembre 1984, Théâtre du Gymnase Marie-Bell : « Le Luron en liberté » avec Bernard Mabille.
- Sortie de l'album : « Le Luron interdit. »
- Chronique dans *France-Soir* : « La semaine de Monsieur Glandu. »
- 28 décembre 1985 : interruption du spectacle.
- Sortie du double album : « Le triomphe de Le Luron au Gymnase. »
- Sortie de la vidéo-cassette : « Le triomphe de Thierry Le Luron au Gymnase. »
- 28 janvier 1986-16 mars 1986 : reprise du Gymnase.
- Tournée, galas.
- 13 novembre 1986, mort de Thierry Le Luron.

TABLE DES MATIÈRES

Cet ouvrage a été réalisé sur
Système Cameron
par la SOCIÉTÉ NOUVELLE FIRMIN-DIDOT
Mesnil-sur-l'Estrée
pour le compte des Éditions Laffont
le 23 octobre 1987

Imprimé en France
Dépôt légal : novembre 1987
Nº d'édition : 30742 – Nº d'impression : 7671